利昂·费斯廷格
(1919—1989)

费斯廷格的代表作

心理学大师人际关系思想经典研究书系

俞国良　主编

◎ 费斯廷格人际关系思想解析
  钟毅平/著

◎ 勒温人际关系思想解析
  郭本禹/著

◎ 阿希人际关系思想解析
  张丽锦/著

◎ 米尔格拉姆人际关系思想解析
  汪新建/著

◎ 纽科姆人际关系思想解析
  辛志勇/著

◎ 多伊奇人际关系思想解析
  王沛/著

◎ 伯科威茨人际关系思想解析
  谷传华/著

◎ 阿伦森人际关系思想解析
  佐斌/著

◎ 罗森塔尔人际关系思想解析
  边玉芳 周丹/著

费斯廷格人际关系思想解析
FEISITINGGE RENJI GUANXI SIXIANG JIEXI

钟毅平 ◎ 著

图书在版编目（CIP）数据

费斯廷格人际关系思想解析/钟毅平著.—北京：人民教育出版社，2017.6
（心理学大师人际关系思想经典研究书系）
ISBN 978-7-107-31676-0

Ⅰ.①费… Ⅱ.①钟… Ⅲ.①费斯廷格（Leon Festinger, 1919—1989）—人际关系学—思想评论　Ⅳ.① C912.11

中国版本图书馆 CIP 数据核字（2017）第 161119 号

心理学大师人际关系思想经典研究书系
费斯廷格人际关系思想解析
作　　者　钟毅平
责任编辑　曾红梅
装帧设计　李宏庆

出版发行　**人民教育出版社**　出版发行
（北京市海淀区中关村南大街 17 号院 1 号楼　邮编：100081）

网　　址	http://www.pep.com.cn
经　　销	全国新华书店
印　　刷	北京盛通印刷股份有限公司
版　　次	2017 年 6 月第 1 版
印　　次	2017 年 7 月第 1 次印刷
开　　本	890 毫米 × 1 240 毫米　1/32
印　　张	8.5
字　　数	163 千字
印　　数	0 001~2 000 册
定　　价	28.60 元

如发现印、装质量问题，影响阅读，请与本社出版部联系调换。
电话：010-58759215　电子邮箱：yzzlfk@pep.com.cn

"心理学大师人际关系思想经典研究书系"总序

大师和经典是一对孪生兄妹。大师必有经典,经典往往出自大师。转型期社会中的人难免有点儿浮躁,更需要读点儿经典加以充实。

大师,《辞海》的解释是"指有巨大成就而为人所宗仰的学者或艺术家";经典,泛指典范性、权威性的作品或著作,既具有开放性、超越性和多元性的特征,也是原创性文本和独特性阐释的有机结合。本书系就是对心理学大师及其人际关系经典理论、著作或实验的解读与评析。

众所周知,人际关系是社会心理学的核心,有的心理学家甚至把社会心理学当作一门研究人际关系的学问。人际关系在社会生活的各个领域、各个方面有着广泛的应用,发挥着极其重要的作用。日益发达的互联网通信技术和现代化交通工具使地球变得越来越小,计算机技术使远隔千山万水、未曾谋面的陌生人之间的对话成为可能,人际关系已成为决定人们能在多大程度上增加知识和技能、对社会做出成就和贡献,以及满足自己的物质和精神生活需要的条件。人们已经普遍意识到,对人际关系进行深入、细致的研究是社会发展和现实生活向心理学工作者提出的新挑战,也是人类自我实现和完善的迫切需要。诚如休斯敦（B. K. Houston）所言，研究人际关系的兴趣日益高涨的原因在于，良好的人际关系有利于生活幸福、心理健康和身体健康。正所谓"人生的美好是人情的美好，人生的丰富是人际关系的丰富"。

艾宾浩斯（H. Ebbinghaus）曾说过，"心理学有一长期的过去，但仅有一短期的历史"，这个判断同样适用于社会心理学的人际关系研究。人际关系作为一种社会心理现象，有其悠久的历史，可以追溯到远古时代，但作为专用名词是在20世纪初由美国人事管理协会率先提出来的。对人际关系的实验研究始于20世纪20年代，主要是莱维特（H. Leavitt）等人对人际关系行为模式的研究、纽科姆（T. M. Newcomb）等人对人际关系结构的研究、梅奥（E. Mayo）等人对人的工作积极性的研究。在随后的几十年里，实验研究成为西方人际关系研究的主流，到目前在美国仍占有强大的优势。尽管从20世纪初到现在仅仅百余年，但人际关系研究的发展势头迅猛，出现了异乎寻常的繁荣景象，不仅理论学说迭出，名人名论皇皇，各类论文、研究报告如恒河沙数，而且出现了具有持久影响力的名篇鸿著。为了使人们对人际关系研究百余年的科学史、代表作有一个基本了解，对前辈大师关于人际关系的滔滔宏论和著述及其来龙去脉有进一步的认识，在人民教育出版社文化教育编辑室刘立德主任、曾红梅编审的热情鼓励和大力支持下，我们承担了历史赋予的责任。

有鉴于我国以往出版过的几本社会心理学名著选编，包括我主编的《社会心理学经典导读》，涉及人际关系篇幅小、范围窄，我们希望"心理学大师人际关系思想经典研究书系"从解析和评述相结合的视角，全面系统地解读心理学大师的人际关系著述和思想。然而，要从卷帙浩瀚的文献中撷取最能充分反映和代表人际关系领域的思想精粹，显然不是一件轻松的事。为此，我们几经酝酿，全面考虑并列出 20 世纪以来，亦即社会心理学作为一门独立学科以来，著名心理学家在人际关系领域的代表性、权威性论著，并以此为线索，来建构书系的框架体系。对每位入选的心理学大师，我们既考虑其在心理学史上的地位，也考虑其在人际关系研究领域的贡献。美国广受欢迎的心理学期刊《普通心理学评论》(*Review of General Psychology*) 2002 年第 6 卷第 2 期刊登了"20 世纪一百位最著名的心理学家"评选结果（含四位诺贝尔奖获得者），研究者通过三个量化指标和三个质性指标，对 20 世纪最杰出的心理学家进行了排名，提供了九十九位心理学家的名单，留下一个空额给读者以想象的余地。我们选择了其中被定位为社会心理学家的九位大师，有人们熟悉的费斯廷格（L. Festinger，第五名）、勒温（K. Lewin，第十八名）、阿希（S. E. Asch，第四十一名）、米尔格拉姆（S. Milgram，第四十六名）、纽科姆（第五十七名）和罗森塔尔（R. Rosenthal，第八十四名），也有人们并不十分熟悉的多伊奇（M. Deutsch，第六十三名）、伯科威茨（L. Berkowitz，第七十六名）和阿伦森（E. Aronson，第七十八名）。他们的论著、实验研究的影响力和权威性已有定论。

"心理学大师人际关系思想经典研究书系"选择以上九位在人际关系研究领域卓有建树的心理学大师，对他们的人际关系思想及其应用进行了详细解读。每册书针对一位心理学大师来组织内容：首先介绍成长经历和教育背景等生平事迹，选译人际关系研究的经典论文或重要著作的重要章节,对人际关系领域的经典名著进行解读;其次对人际关系思想或理论及其产生的社会文化背景进行论述,对人际关系思想或理论进行评价,阐述应用人际关系思想或理论于社会生活的中外相关经典案例,特别是在政治、经济、军事、法律、新闻、教育、文化、医疗和环境等领域的应用案例;最后从总体上论述心理学思想或理论在心理学流派形成和发展中的贡献。

选择上述九位大师及其著作作为我们解析的对象,主要是基于书系的全面性、经典性和权威性,以便人们能系统把握社会心理学问世百余年来各派名家在人际关系领域的经典实验和重要思想,也希望为社会心理学的人际关系研究百余年历史留下一个"足迹"和"画外音"。

本书系可供全日制高等院校心理学专业和哲学、法学、社会学、教育学、经济管理、新闻传播、公共关系、社会工作等相关专业的高年级本科生和研究生使用,也可供从事人际关系研究的科研工作者学习、参考,还适合党政领导干部、企事业管理工作者和人力资源管理工作者阅读。

需要特别说明的是,作为一名教师,我始终有一个心愿:希望能把大师引介给学生,带着学生来到大师的经典面前,让他们能与大师进行跨时空的对话、交流,并设法站在"巨人"的肩膀上,看得更远,想得更深,做得更实。因此,这几年我陆续主编了《社会心理学经典导读》、《心理健康经典导读》(上、下册)和"心理学大师心理健康经典论著通识丛书"(17册)。"心理学大师人际关系思想经典研究书系"就是这项工作的延续。作为书系主编,虽然我确定了书系的编写原则、结构、内容和体例,但各册书均是各位作者的劳动成果。作者分别来自北京师范大学、南开大学、中央财经大学、华中师范大学、陕西师范大学、南京师范大学、湖南师范大学和上海师范大学等"985工程"或"211工程"高校，他们大都是具有教授职称并担任博士生导师的中青年心理学专业工作者。这些中国社会心理学界的翘楚都是我的良师益友。面对他们的欣然加盟和无私奉献，我至为感激，无以为报，只能真诚地道一声：谢谢！

忝为主编，我始终忐忑不安并被焦虑困扰，唯恐因我的过失和错误，影响了作者的声誉，耽误了出版社的计划。两年多来，全力以赴，断不敢玩忽职守，更不敢懈怠和偷工减料，希望能给社会、给读者贡献有价值的精神食粮。至于是否遂愿，只有留待时间去评判了。另外，书系中收录了少量翻译的文字，由于多种原因，我们未能及时与原著者取得联系，敬请见谅，并请原著者或有关人士在书系出版后与书系作者或出版社联系。书系中或有不足、纰漏，恳请专家学者和读者朋友批评斧正。

俞国良
2017年5月于北京西海探微斋

目　录

第一章　引言/1
第一节　时代背景/2
第二节　二战后美国的社会经济改革浪潮/8
第三节　移民社会及多元文化/16

第二章　费斯廷格生平介绍/25
第一节　个人经历/26
第二节　主要著述年表/32

第三章　费斯廷格名篇选译/41
第一节　《社会比较过程理论》选译/42
第二节　《强制性服从的认知结果》选译/70

第四章　费斯廷格名著解读/89
第一节　《认知失调理论》解读/90
第二节　《冲突、决策和失调》解读/103

第五章　费斯廷格人际关系思想评述/127
第一节　社会比较理论/128

第二节　认知失调理论/148

第六章　费斯廷格人际关系思想应用案例分析/171

第一节　决策后失调在组织管理中的应用/172

第二节　认知失调理论在决策后悔中的应用/188

第七章　认知取向的认知失调理论/199

第一节　认知取向的认知失调理论：范式和应用/200

第二节　认知取向的认知失调理论：贡献与局限/217

第八章　结语/225

参考文献/240

术语索引/251

后记/253

第一章 引言

在美国的心理学期刊《普通心理学评论》公布的"20世纪一百位最著名的心理学家"评选结果中,利昂·费斯廷格(Leon Festinger,1919—1989)排名第五。费斯廷格生活在一个纷繁复杂、英雄辈出的时代,正是这个复杂的时代成就了他的思想,使他成为时代精英。也因为如此,我们有必要先简单回顾一下这段历史。

第一节　时代背景

费斯廷格出生于1919年,这是第一次世界大战(简称一战)结束后的重要一年,协约国于6月28日与德国签订《凡尔赛和约》,于9月10日与奥地利签订《圣日耳曼条约》,于11月27日与保加利亚签订《纳伊条约》。斯塔夫里阿诺斯(L. S. Stavrianos)认为,一战的主要意义恰恰在于它开启了欧洲霸权的削弱进程——这一过程在第二次世界大战(简称二战)之后宣告完成(斯塔夫里阿诺斯,1970/2006,第661页)。这种削弱至少表现在三个方面:经济衰退、政治危机和对殖民地的控制日益减弱。然而,美国迎来了经济的高速发展期。经过一战,美国大发战争财,并于1916年成为世界上最大的资本输出国。

一战后的20世纪20年代,美国经济发展到新的高峰。通过西奥多·罗斯福(Theodore Roosevelt)的"公平交易"、伍德罗·威尔逊(Woodrow Wilson)的"新自由"政策和进步主义运动,以及20年代美国经济的自由放任,美国现代资本主义的经济和政治统治得到进一步的巩固,但与此同时,也孕育着潜在的严重危机。

美国在一战中先是中立,随后参战。当时美国在经济和政治实力上，基本上仍然是一个羽毛未丰的现代资本主义国家，企图称霸，但力不从心。一战后，美国在巩固拉丁美洲基地的同时，开展了全球范围内的争夺经济霸权的斗争。

1929—1933年，美国经历了人类历史上空前严重的经济和政治危机。赫伯特·胡佛（Herbert Hoover）总统的"自愿联合"政策未能制止危机的蔓延。1933年3月，富兰克林·罗斯福（Franklin Roosevelt）上台执政，实行新政。他顺应了历史发展的潮流，通过强化国家全面干预金融财政、工业、农业、公共工程、社会保障等领域，缓解了经济危机的严重恶果，保护了劳动生产力，避免了美国走上法西斯主义的道路，并为美国在二战中的胜利准备了物质条件。

罗斯福新政的改良措施促进了现代化的发展，全面强化了国家干预性政策，使垄断主义发展到国家垄断资本新阶段。而现代资本主义发展的成熟，对于现代美国历史的发展具有多方面的深远影响。

美国在二战中同样先是中立，1941年底随着珍珠港事件的爆发，参加组织了世界反法西斯战争。在经济上，美国发挥了重要的支撑作用；在军事上，美国通过组织一系列重大战役，做出了重大贡献；在政治上，美国通过推动国际反法西斯联盟的建立和发展，保证了世界反法西斯战争的胜利。这次战争的结果是美国得益最大，并发展成为唯一的超级大国，奠定了自己在战后称霸资本主义世界的基础。

1945—1969年，美国登上了资本主义世界的高峰，处于称霸资本世界的鼎盛时期。在这一时期，以原子能技术、宇航技术、电子计算机技术发展为标志的新科学技术革命在美国兴起，并推动美国经济高度现代化。加上美国现代企业组织的新发展、国家和国际垄断组织的新发展以及跨国公司的迅速崛起，美国成为高度现代化的超级大国，并开始向后工业社会和信息社会转化。

20世纪60年代，美国资本主义迅速发展。在这期间，美国由海外扩张走向全球扩张，奉行对苏冷战和对华遏制政策，也与广大第三世界国家和人民发生尖锐对抗。总体来说，美国依然实行扩大资产阶级民主体制的政策。

在经济上，从杜鲁门（H. S. Truman）的"公平施政"政策到肯尼迪（J. F. Kennedy）的"新边疆"政策和约翰逊（L. B. Johnson）的"伟大社会"政策，美国都在新的条件下不同程度地继续推行着罗斯福新政。而艾森豪威尔（D. D. Eisenhower）的折中路线——"现代共和党主义"，也没有改变加强国家干预和国家福利政策的基本轨道。

20世纪70年代以来，美国仍然保持着全球超级大国的地位。尽管美国经历经济滞胀和1979—1982年、1990—1992年两次经济危机，但总体来说，美国经济仍然在不断发展，80年代中期和1992年以来经济出现少有的发展好势头。

二战后，美国经济骤然增长，在资本主义世界经济中占有全面优势。在完成了由战时经济向和平时期经济转变之后，美国经济的优势进一步增强。1955—1968年，美国的国民生产总值以每年4%的速度增长。虽然在同一时期西欧各国和日本的整体经济增长速度赶上了美国（法国为5.7%，联邦德国为5.1%，日本为7.2%），但是二战后美国经济在相当长的一个时期内仍占有优势地位。二战后美国经济的迅速发展和优势地位的保持在很大程度上得益于美国联邦政府对经济的干预。二战后美国政府对经济的干预不是表现在采取工业国有化的形式，而是运用财政和金融手段对资本主义的再生产进行干预。其主要特点是不断地依靠增加国家预算中的财政支出，依靠军事订货和对垄断组织甚至中小私营企业实行优惠税率来刺激生产，增加社会固定资本投资。

二战后美国经济的发展具有一系列新特点，表现在以下几个方面。

首先，20世纪50—60年代，美国经济增长处于西方经济学家所称的"黄金时代"。美国的国民生产总值经过"黄金时代"的发展，从1961年的5 233亿美元上升到1971年的10 634亿美元；1965—1970年美国的工业生产以18%的速度增长。1970年美国拥有世界煤产量的25%，拥有世界原油产量的21%，拥有世界钢产量的25%。1971年美国拥有汽车1.11亿辆，83%的家庭至少拥有一辆汽车。1970年美国农产品比1950年增长了2倍，一个农民能养活47.1个人。

其次，二战后美国经济发展的重心逐渐向西部和南部转移。美国传统的工业区在东北部，随着二战后新兴工业的迅速发展，没有传统工业负担的美国西部和南部由于拥有新兴工业原料——石油，而特别适宜于诸如飞机制造业、石油工业和石油化工等新兴产业的发展。与此同时，美国西部和南部的新财团也骤然兴起,在经济乃至政治上与传统的东北部财团形成激烈的竞争。比如,太平洋沿岸加利福尼亚州的资本家形成了加利福尼亚财团,控制了美国最大的银行——美洲银行;而南部的得克萨斯州由于战时石油开采和军事工业的扩建也形成了得克萨斯财团。加利福尼亚财团在20世纪50年代就已成为美国的第三大财团,其实力仅次于摩根财团和洛克菲勒财团。得克萨斯财团的实力虽然差一些,但是它经常通过和其他财团结盟来对抗东北部的老财团(如摩根财团和洛克菲勒财团)。美国西部和南部经济实力的增长,以及西部和南部新财团的兴起,对美国的政治也产生了巨大影响。二战前,美国历届政府的大权主要由东北部的财团操纵,但是这种政治局面在二战后开始发生变化,西部和南部的财团逐渐在政治上开始与东北部的财团竞争。美国的政治权力不再由"多雪地带"的东北部独占,西部和南部的"阳光地带"开始分享政治权力。

再次,现代跨国公司在美国兴起。跨国公司在20世纪上半期就已出现,但是直到二战前,早期的跨国公司还是以局部地区为重点,其经济实力和业务经营的多样化也没有达到现代跨国公司的程度。二战后,现代跨国公司首先在美国获得空前的发展,对美国乃至世界经济的发展产生了举足轻重的影响。

最后,二战后美国经济危机的程度大大降低。从二战结束到20世纪60年代末,美国虽然经历过5次经济衰退,但没有出现过1929—1933年那样的经济大危机。二战后美国经历的第一次经济衰退是在1948—1949年,其间工业生产率下降8.3%,失业率达

5%。第二次经济衰退从1953年8月延续至1954年8月，工业生产的幅度下降9.1%，失业率达6.2%。第三次经济衰退从1957年7月起到1958年4月止，时间虽比较短，程度却比较严重，工业生产率骤然下降13.5%，失业率高达7.5%。1960年2月到1961年2月美国发生了二战后的第四次经济衰退，工业生产率下降8.6%，失业率为7%左右。1969年10月到1970年11月美国发生了二战后的第五次经济衰退。工业生产率下降8.1%，失业率超过7%。虽然二战后美国经济并没有摆脱资本主义经济固有的周期性循环，经济危机或经济衰退依然相隔一段时间就要出现一次，但是经济危机的程度都不是很严重。比如，工业生产下降幅度基本在10%以下，只有一次是13.5%，但恰恰这次持续的时间最短。另外，二战后美国政府对经济危机实行了一系列凯恩斯主义的反危机手段，即运用赤字财政，通过通货膨胀，刺激总需求，从而抑制经济危机的破坏程度，避免大量的企业在危机中倒闭，同时控制失业率的急剧攀升，稳定社会秩序。

第二节 二战后美国的社会经济改革浪潮

二战后的最初二十几年（1945—1969年）是美国现代史上的第三次改革高潮。这次改革高潮由美国政府的四次改革行动组成，即：1945—1953年杜鲁门政府的"公平施政"政策，1953—1961年艾森豪威尔政府折中的"现代共和党主义"政策，1961—1963年肯尼迪政府的"新边疆"政策，1963—1968年约翰逊政府的"伟大社会"政策。其间，肯尼迪的"新边疆"政策和约翰逊的"伟大社会"政策构成了这次改革的高峰。

一、从杜鲁门的"公平施政"到艾森豪威尔的"现代共和党主义"

（一）杜鲁门的"公平施政"

杜鲁门于1945年4月12日继任总统。他在1945年9月向国会提交总统咨文，后来他称之为"自由主义和进步主义"的施政基础。1946年1月，他提出了13条改革举措。"公平施政"纲领的明确提出则是1949年1月5日的咨文。他说：我国人民的每个阶层和每个人都有权期望我国政府公平施政。

杜鲁门"公平施政"政策的中心内容包括以下几点。

第一，1946年2月20日国会通过《就业法》，实施"充分就业"。它明确规定政府要"为那些能够工作、愿意工作和正在寻找工作的人，提供有益的就业机会，联邦政府应负责协调和利用自己的一切计划、职能和资源"，来帮助实现"最大限度就业"。它还规定"在总统行政办公室特设一个经济顾问委员会"。

第二，推行廉价民用住宅建筑计划。1946年政府批准给予退伍军人270万套住房的紧急计划，1949年《住房法》又规定在6年内，为低收入家庭建造81万套廉价住房。政府还为清理城市贫民窟和改善农村住宅提供大笔贷款。

第三，扩大社会福利保险，提出国民医疗保健计划和教育津贴。

第四，制止通货膨胀，实行价格控制。

第五，实行援助农业、津贴农民的政策。

第六，修改《克莱顿反托拉斯法》，签署《塞勒—凯弗维尔法》，控制资产合并，为企业合并敞开大门。

第七，实行民权保障措施。

杜鲁门政府的"公平施政"是二战后初期罗斯福新政的继续，他的大政府、大税收、大开支的政策在本质上与新政无异，也是"新边疆"政策和"伟大社会"政策的一个承上启下的环节。然而，由于其改良主义政策受到政治上反共倾向和保守主义的牵制，而且在经济繁荣时期，垄断资本也不愿意做出大幅度的让步，因而"公平施政"没有也不可能彻底推行下去，其实际效果也大打折扣。

（二）艾森豪威尔的"现代共和党主义"

1953—1961年任总统的艾森豪威尔推行"现代共和党主义"政策，以走"中间道路"自诩，宣称要"不屈不挠地追随我们先辈提出的途径——中间道路"。1955年2月，他发表了关于共和党原则的演说，宣称：政府固有的职责是为某些社团或者某些个人做一些他们所不能做的或者做不好的事情。1956年艾森豪威尔竞选连任总统成功，他宣布"现代共和党主义已经获得证实，美国业已承认现代共和党主义"。

"现代共和党主义"政策的主要内容包括以下几点。

第一，坚持联邦政府指导下的企业自愿合作政策，反对权力过分集中于政府或少数企业。同时，政府承担风险大、利润低、规模大、私人或地方无力承包的事业。例如，1955年6月26日，艾森豪威尔签署《联邦援助高速公路法》，规定修筑42 500英里[1]的超级公路网，把所有的大城市和地区连接起来，建筑经费达275亿美元，其中90％由政府负担。

第二，交替实行凯恩斯主义和传统庸俗经济的财政政策。在金融货币政策上，政府开始奉行紧缩性反通货膨胀政策，主张健全美元，反对对物价和工资的直接管制。在财政上主张削减开支，平衡预算，但必要时又实行赤字开支。在税收上交替实施减

---

[1] 1英里＝1.609 344公里。

税和增税政策。

第三，推行有条件的社会福利政策，强调地方和私人多承担责任。1954—1958年，政府三度扩大社会保障津贴的范围。但是，政府反对由联邦对健康实行直接保险的"医疗社会化"计划，主张由政府资助私人的医疗保险事业，强调在社会福利方面要由州、地方政府和私人机构承担责任。

第四，1958年9月通过《国防教育法》，加强教育的投入和指导。政府大力加强基础教育，为大学生提供长期低息贷款，为有志于从事高等教育的研究生提供5 500个奖学金名额。1958年政府还成立了卫生、教育和福利部。

第五，实行有条件的支持农业价格政策。

第六，提出民权立法，缓和种族矛盾。例如，1957年国会通过了有关黑人选举的立法，在司法部内成立公民权利司，等等。

艾森豪威尔的"现代共和党主义"适应了20世纪50年代国家垄断资本主义的发展需求，是自由放任理论和国家干预理论的折中，即有限的国家干预下的自由经济。它表明二战后美国的国家垄断资本主义趋势不可逆转，且日益强化。

二、肯尼迪·约翰逊的社会改革

（一）肯尼迪的"新边疆"政策

肯尼迪的"新边疆"政策和约翰逊的"伟大社会"政策体现了后凯恩斯主义的理论，是新政改革的新高峰。1960年7月15

日，肯尼迪在洛杉矶召开的民主党全国代表大会上发表接受总统候选人竞选提名的演说，在演说中提出了"新边疆"的响亮口号。他说："我们今天站在新边疆的边缘。这是60年代的边疆，充满吉凶难卜的机会和危险的边疆，充满希望而又遍布威胁的边疆。"在大选中，他击败了尼克松（R. M. Nixon）出任新总统。

1961年1月20日，肯尼迪在总统就职演说中发表了令年轻的美国人振奋的谈话。他说："这一天象征着一个结束，也象征着一个开端；它表示着一种更新，也表示着一种变革。""这是一场反对人类共同敌人的斗争。这些共同的敌人是：暴政、贫穷、疾病和战争本身。"同年1月30日，他在国情咨文中列举了"新边疆"政策的具体措施。肯尼迪的"新边疆"政策包括对内和对外两个方面。对外方面涉及粮食用于和平计划、争取进步联盟政策、和平队计划。对内方面主要包括以下几点。

第一，扩大社会福利，推行人力资源开发和培训计划。例如，1961年2月，肯尼迪提出关于教育的特别咨文，要求对公立中小学给予补助、扩大现行大学校舍、设立大学低利贷款、为有才干的贫苦学生设立奖学金等。

第二，通过《地区重新开发法》，扶植贫困地区。

第三，实施攀登高科技领域的登月计划。为了应对苏联载人宇航飞行成功的挑战，1961年5月25日，肯尼迪就空间政策向国会提交特别咨文，要求"在60年代结束前，实现把一个人送上月球，再平安返回地球这样一个目标"，由此美国开始了20世纪60年代高科技的阿波罗计划。

第四，实施反经济危机的农业、税收、贸易和工资政策。

第五，采取措施保障黑人民权，缓和种族矛盾。1963年6月19日，肯尼迪发表了关于民权和工作机会的特别咨文，要求国会通过一项"以最负责的、合理的和急迫的需要来解决这一问题"的综合法案。

肯尼迪是美国历届总统中顺应潮流、有创新行为的改革者，但是他的宣言多于实践。这一方面是由于1963年11月22日他在达拉斯遇刺身亡，另一方面是由于他缺乏与国会周旋的经验，所以不少立法在国会受阻。然而，他赢得了广大美国人民的拥护和尊敬。

（二）约翰逊的"伟大社会"政策

1963年11月22日，肯尼迪总统遇刺后，副总统约翰逊在飞机上宣誓就任美国第36任总统，他宣称要沿着肯尼迪制定的路线"继续干下去"。1964年1月8日，在向国会提交的第一篇国情咨文中，他宣布"向美国的贫困无条件开战"。3月14日，他向国会递交了向贫困开战的咨文。5月22日，他在密歇根大学发表演说，概述了从城市、农村和教育三个领域向贫困开战的"伟大社会"政策。"伟大社会"政策的主要内容包括以下几点。

第一，大规模扩大社会福利。这不仅表现为扩大社会福利的规模和对象，使800万名服务人员首先享有这种待遇，而且改变剩余农产品的处理方法，用于社会福利事业。

第二，颁布《医疗照顾法》。该法规定参加保险的65岁及以上的老年人有资格享有90天的住院服务和100天的院外护理，其费用由国家总收入及社会保险金支付。

第三，1964—1965年国会通过了一系列关于普通教育、高等教育和业余教育的立法，这些措施被认为是实施"伟大社会"政策的关键。约翰逊以卫生和教育立法的实施为荣，称自己是"卫生和教育总统"。

第四，1965年8月通过《住房和城市发展法》，1966年通过《示范城市发展法》，以改善住房条件。

第五，为缓和贫富悬殊的矛盾，适应结构性调整的需要，进行职业再培训。

第六，通过一系列立法，扩大生态环境和自然资源保护，解决工业现代化面临的新问题。例如，1964年颁布《水土保持法》和《野生动植物保护法》，1965年颁布《水质法》和《公路美化法》等。

第七，1964年、1965年、1968年分别通过三个民权立法，缓和种族矛盾和社会矛盾。它们明令禁止在公共场所实行种族歧视，保障黑人的自由选举权利，禁止在住房方面实行种族隔离和歧视。

事实上，"新边疆"政策和"伟大社会"政策是维护垄断统治的长治久安、协调各个利益集团之间的矛盾、稳定和发展经济的手段，但是它们是以赤字财政、通货膨胀和扩大政府开支、刺激总需求为代价的，因此，势必带来了20世纪70年代滞胀的严重问题。

总之，二战后最初二十几年的改革调整既吸收了新政时期国家全面干预经济的经验，又吸取了二战时期强化军事和高新科技干预的经验，并在新的条件下有所发展。二战后最初二十几年的改革调整主要是和保持经济增长、防止危机、解决工业现代化的丰裕社会中的新问题、保持军事大国地位相关。

第三节　移民社会及多元文化

费斯廷格成长于20世纪20—30年代，其父母是俄罗斯犹太裔移民，其思想无不带有时代印记。

一、移民之邦

美国是一个典型的移民国家。白人、非洲裔美国人、亚洲裔美国人、拉丁美洲裔美国人、美国印第安人、阿拉斯加土著人、夏威夷土著人以及太平洋岛裔构成了今天美国的人口主体。

美国接纳的合法移民，在20世纪60年代为321 137人，70年代为424 182人，80年代为624 144人，90年代为977 154人。美国2000年人口普查的数据显示，在美国生活的2.81亿人口中，有3 100万人是在国外出生的，占人口数量的11%。1994年到2003年，美国共有3 461万名外国出生的永久移民。截至2005年3月，有3 520万名外国人居住在美国，相当于1910年移民高峰期的2.5倍。

美国是一个年轻的国度，充满活力与朝气，与其是移民之邦有直接的联系。正是移民的开拓精神和冒险意识，使美国成为一个繁荣富强、高度发展的国家。移民的到来，为美国经济的繁荣发展提供了智力、技术及劳动力资源保证。可以说，没有移民就没有美国，更没有今天这个高度现代化的资本主义国家。

亚洲移民是美国可资利用的重要人才资源。美国的硅谷公司有许多是由印度人或中国人开办的。印度每年有10万名信息技术专业人员获得前往美国工作6年的特殊临时签证。1990年在美国的印度人已达68万人，现在全美共有100万名印度裔美国人，其中8万—10万人住在华盛顿地区，而大多数人又与弗吉尼亚州和马里兰州的高科技密集区有关。1999年大约30万名印度裔美国人在加利福尼亚州硅谷的高科技公司工作，他们的总收入达600亿美元。

美国的拉美移民多数从事小商业、机械修理等，但也有人经营企业比较出色。有资料显示，美国有80名拉美移民富翁，他们的财产超过了2 500万美元，其中有32人是古巴人。

20世纪80年代，美国的一项研究显示，大约1 100万名移民劳动者每年收入为2 400亿美元，缴税达900多亿美元，远远多于其在社会福利中所获得的50亿美元。国际移民的到来增加了社会的购买力，如2000年美国拉美裔人口的购买力高达4 524亿美元，比1990年增长118％。有美国学者预测，拉美裔人口的购买力到2050年将达到1万亿美元。可见，从增加就业机会、增加税收、增加购买力来看，移民是美国的财富，而不是美国的包袱。

移民也是美国城市化的重要推手。以纽约城市化为例，移民对纽约地域的扩展和城市人口的增加起到了重要作用。移民决定了纽约人口的增长模式。纽约人口增长以海外移民为主要来源。1820—1920年，有1 130万名外国移民先后进入纽约，移民占全市总人口比例最高时达到50%以上。移民涌入增加吃、穿、住、行等生活资料，更促进城市公共设施的提升，城市基础设施如住宅、学校、医院、车站等迅速增加和扩大，同时也促进工厂、商店等增加。纽约城市区域不断扩展，从曼哈顿南端一隅向北延伸至曼哈顿全岛，并进而扩展到曼哈顿周围四区。在100年内，纽约人口增加了近50倍，面积增加了80倍。总体而言，大量移民进入刺激了纽约城市经济的发展，加速了资本积累和工业化进程，推动了纽约城市基础设施建设以及商业、服务业的迅速发展。纽约成为历史上城市化最迅速的城市之一。

付美榕（2012，第172页）从人才成长的角度指出，美国盛产大师的原因之一便是迁移流动，迁移有助于移居者提升人力资本。美国正是通过移民，汇集了世界各地众多的优秀人才。相对于国外出生者占美国人口的比例，顶尖人才中外来移民的比例总体上高出一筹。比如，科技泰斗中外来者比例偏高，一方面反映了长期以来美国对移民科学家的严重依赖，另一方面也表明20世纪美国移民政策受到了各国科技人才的普遍欢迎，美国颇有来者不拒的心态。

移民在美国的社会转型和发展过程中起着关键性的作用。它不但在经济方面的影响巨大而迅速，而且还会影响到社会关系、文化、国家政治和国际关系。移民不可避免地在民族国家内部形成民族文化多样化，改变认同，模糊传统的界限（李其荣，

2007)。

二、多元文化

跨境移民移居异文化社会后,自身会发生什么变化?外来移民是否必须、是否能够融入主流社会?这是贯穿20世纪始终的社会现实问题,也是西方移民学界孜孜探讨的重要理论问题。"熔炉论"是以美国为实证基础的同化模式的形象表述。该理论认为,美国已经并且仍然继续将来自不同民族的个人熔化成一个新的人种——"美国人"。各外来民族应当而且必然会在美国这个"上帝的伟大的熔炉"中熔化为具有同一性的"美国人"。然而,美国真的是能够锻铁铸钢的"民族熔炉"吗?1915年,犹太裔美国学者霍勒斯·卡伦(Horace Kallen)开始发表系列文章批评"熔炉论"。他认为,个人与族群的关系取决于祖先、血缘和家族关系,是不可分割、不可改变的。美国不仅在地理和行政上是一个联邦,而且也应该是各民族文化的联邦,美国的个人民主也应该意味着各族群的民主。1924年,卡伦在此基础上进一步提出了文化多元论。他认为,在民主社会的框架内保持各族群的文化,将使美国文化更加丰富多彩。卡伦的理论提出后,很快引起学术界的关注。支持者认为,文化多元论承认不同种族或社会集团之间享有保持"差别"的权利精神,与美国《独立宣言》和《美国宪法·序言》中的平等思想是相互吻合的。20世纪60年代欧美民权运动兴起,关于文化多元的争论迅速走出书斋,成为引人注目的政治问题。

提倡文化多元论者主要从以下三方面论证其积极的社会意义。第一，在实施多元文化政策的国家，反映不同民族特色的文化活动丰富多彩，展示了该政策最普遍、最显著的社会效果。第二，推行多元文化政策，有助于形成宽容、理解异文化的社会氛围，有利于不同民族和睦相处。第三，推行多元文化政策，有利于缓和错综复杂的宗教矛盾。美国哈佛大学奥林战略研究所所长塞缪尔·亨廷顿（Samuel P. Huntington）的文明冲突论就明确将"宗教差别"列为比"种族差别"更具有排他性的冲突基因。可是，按照文化多元论所描绘的理想，宗教也是一种文化，基督教堂、清真寺、佛庙尽可比邻而设，和平共处。总之，文化多元论者十分乐观地认为，只要真正、全面实施多元文化政策，当今世界上诸多民族、种族、宗教矛盾都可迎刃而解（李明欢，2000）。

多元文化主义，或称文化多元性，是多种文化在一个地方共存而无任何一种文化占统治地位的现象。多元文化主义是20世纪的产物，它对20世纪的美国社会产生了重大影响。美国多元文化的典型特征是包容性，主要表现在三个方面：第一，在美国各种政治思想并存；第二，美国容纳了各国文化的精华，并且各种文化相互渗透、彼此交融；第三，美国文化对不同宗教信仰宽容兼纳（付美榕，2012，第203—205页）。

很多人认为20世纪20年代是美国进入"现代社会"的第一个10年。这10年里，美国人（尤其是文化青年）一方面承受着一战的巨大心理冲击，另一方面又受到了新时期即将或已经到来的强烈的"现代意识"的撩拨，在历史造成的迷惘和经济繁荣激起的亢奋中，有点儿无所适从，但又跃跃欲试。他们心向着未来，眼望着过去，手捂着创痛，脚步沉重地跳起了迎接新时代的狂欢的舞蹈。

然而，到1929年狂欢戛然而止，纽约的股市暴跌揭开了长达10年的大萧条的序幕，完全令人始料不及，一直到1939年即二战爆发为止。在这后一个10年里，人们度过了历史上最不堪回首的经济危机。社会动荡和经济起落导致了认识的冲撞和文化的断裂，也活跃了思想，强化了反叛意识，激发了改革欲望，把一大批优秀的美国知识分子推上了求索之路。他们在批判传统的同时，寻找新的政治信仰、新的经济模式、新的价值观念。

在这两个10年中，青年一代知识分子的"波西民"（Bohemian）式的消极文化反叛演进成了带政治理想主义色彩的激进主义文化运动。从表面上看，这两个10年少有共同之处，但许多貌似对立的现象和观点背后有着深刻的文化关联。这一特殊时期的思想家、文学家们都试图从不同的侧面对美国的社会体系、价值观念进行重新审视。这是一个迅速变迁和充满文化实验的时代，导致了一场社会巨变、文化巨变和认识巨变。这不同凡响的20年是美国思想史上一个非常重要的时期。

20世纪20年代以前，美国文明以乡镇文明为主导。自建国以来，杰弗逊（T. Jefferson）的理想社会是一个富裕的田园社会。美国人也把村镇浪漫地描写或想象为清静、安逸、优雅生活的所在，生活虽不奢华，但衣食无忧。乡民虽不高雅，但虔诚朴实；村镇虽不繁华，但情调无限。进入20世纪以后，以中西部为典型的美国乡村社会加速走向瓦解。由于大机器加入农业生产行列，小农户开始破产。农业联营、超级市场急剧地改变着乡村的生活模式，冲击着农村的自给经济，把很多青年人赶进了大城市。离开中西部的青年人，各人有各人的追求，有的为自由，有的为享受，有的为寻求文化、艺术和经验。社会的大变动，历史的进展，总是首先在青年一代的叛逆行为上体现出来。东进，既是叛逃，又是求索。这种带有双重目的的与原文化环境的脱离，在20世纪20年代的青年知识分子中间十分普遍。地理上拉开距离之后，他们卸下文化包袱，到处寻找新的精神归属。他们的阅读书单上有很多当时时髦的名字，包括达尔文（C. R. Darwin）、尼采（F. W. Nietzsche）、斯宾塞（H. Spencer）、马克思（K. H. Marx）、王尔德（O. Wilde）、萧伯纳（Bernard Shaw）和易卜生（H. Ibsen）等。他们贪婪地吸收各种新思想和文化中的新成分来补充自己。东部名牌大学和格林尼治村两个去处，都是反传统文化的青年云集的地方。由于文化断根后产生的不安全感，这种聚集自然形成。

因此，从20世纪20年代的文学作品中，我们也可以看出作家的两种明显心理倾向：一是"波西民"式的愤世嫉俗，二是青少年的天真烂漫。他们怨气很大，怨气很大，所有陈规习俗都令他们讨厌。他们把自己解放出来，在生活作风上故意冒犯，在文学表达上刻意求新。一方面，青年文化人愤愤于言表，大声呵斥那些曾为美国文化正宗的东西；另一方面，他们又表现出追求的无目的性。面对潮水般涌来的现代思想，他们缺少理智的经验去丈量新观念的有效性。

历史进入到20世纪30年代。30年代有三个不同的称呼：一个是"大萧条时期"，另一个是"愤怒的10年"，还有一个是"红色的10年"。第一个别称是描述现象的，第二个强调深重的经济危机引发民众的广泛不满，最后一个则说明要求变革的政治取向。其实这三方面是连贯的，从经济起因（失望）到社会反应（激愤）再到提出"改朝换代"的要求（革命）。

20世纪30年代的主流文化态度表现在两个方面：一是政治取向，鼓吹建立新政体，改变经济结构和分配方式，保证文艺长期繁荣；二是艺术取向，希望推出新的文学艺术，促进变革。为此，当时的普遍认识是政治观点上的自由主义、无政府主义必须扬弃，以个人主义和竞争为特征的价值体系必须破除，应该倡导新的集体主义和合作精神。大萧条是全国性的灾难，只有全国人民携手努力才能克服，而个人价值只有在这场政治、文化革命中才能实现。文学的高度政治化是30年代最显著的文化特征。

第二章　费斯廷格生平介绍

　　本章将对费斯廷格的早年生活和教育、事业和学术生涯以及晚年生活进行简单介绍，目的是让读者在学习和领悟心理学大师创造经典之前，细细体味其生活经历和学术历程，并从其人生故事中总结出成功的经验。

第一节 个人经历

一、早年生活和教育

费斯廷格1919年5月8日出生于纽约市布鲁克林，父亲艾利克斯·费斯廷格（Alex Festinger）和母亲莎拉·所罗门·费斯廷格（Sara Solomon Festinger）都是俄罗斯犹太裔移民。他的父亲是一个刺绣的制造商，是"俄罗斯激进派"，并且终生信奉无神论。费斯廷格在布鲁克林的男子高中上中学，1939年获纽约市立大学心理学学士学位（Schachter, 1994, pp. 99-100）。

费斯廷格在艾奥瓦大学攻读硕士，在勒温（K. Lewin）的指导下于1940年获得了心理学硕士学位。之后研究幼儿行为，并于1942年获得博士学位。根据他自己的陈述，在艾奥瓦大学学习期间，他对社会心理学并不感兴趣，并且在整个大学期间他都没有单独选修一门社会心理学的课程；相反，他感兴趣的是勒温早期有关张力系统的研究。但费斯廷格在艾奥瓦大学期间，勒温的关注点已经转移到了社会心理学（Festinger, 1980, p. 237）。

尽管这样，费斯廷格仍然继续追求他最初的兴趣，研究抱负水平，从事有关统计的工作，提出了有关决策的定性模型，甚至发表了有关白鼠的实验研究。在费斯廷格回答他为什么那段时间对心理学不感兴趣时，他解释说："社会心理学较为宽松的研究方法，从数据到概念和理论之间模糊的相关，似乎这一切都没有吸引到我，因为年轻的我更喜欢严谨。"（Festinger，1980，p.237）

毕业后，费斯廷格于1941—1943年担任艾奥瓦大学的研究助理。1943—1945年，他在罗切斯特大学飞机驾驶员甄选训练中心担任统计专员。1943年，费斯廷格与钢琴家玛丽·奥利弗·巴卢（Mary Oliver Ballou）结婚，生了三个孩子：凯瑟琳（Catherine）、理查德（Richart）和库尔特（Kurt）。后来，费斯廷格与巴卢离婚，于1968年与纽约大学从事社会工作的教授特露迪·布拉德利（Trudy Bradley）结婚（Schachter & Gazzaniga，1989，p.545）。

二、事业和学术生涯

1945年，费斯廷格加入了勒温在麻省理工学院新成立的组织动力学研究中心，担任副教授。用他自己的话来说，"在麻省理工学院，按照要求我成了一名社会心理学家，并沉浸在这一领域里，开始面对所有的困难、迷茫和挑战"。同时，他还在麻省理工学院开始进行有关团体内的社交沟通和压力的研究，这是他研究的一个转折点。费斯廷格自己回忆说："在麻省理工学院这些年，对我们所有人来说都是非常重要的，是打基础的时候，是许

多重要事件的开始。"（Festinger, 1980, pp. 237-238）

在组织动力学研究中心，费斯廷格得到了非常好的评价并取得了较好的研究成绩。费斯廷格的学生，也是他的研究助理斯坦利·沙赫特（Stanley Schachter）是这样评价他的，"我非常幸运能够与费斯廷格一起工作，并且这是我研究生活中的最高点"（Schachter, 1994, p. 102）。

事实上，费斯廷格对社会心理学研究的兴趣开始于一次偶然事故。那时费斯廷格正在进行一个有关建筑与生态因素对大学住房满意度影响的研究。虽然临近效应（又称接近效应）是该研究中一个很重要的发现，但费斯廷格和他的同事同样发现了居民群体的友情程度与意见相似性之间的相关（Zukier, 1989, p. xiii），从而提出了意想不到的问题，即社会群体间的交流，以及态度和行为的标准在群体间的形成（Festinger, Schachter, & Back, 1950）。实际上，费斯廷格最初在1950年发表的一篇文章中提到了非正式的社会沟通，即将其作为在非正式群体中压力对态度的预测函数，这被那些看似与住房满意度无关的研究多次引用（Festinger, 1950）。

1947年，费斯廷格的导师勒温去世。之后，费斯廷格于1948年担任密歇根大学团体动力学研究中心主任，1951年任明尼苏达大学心理学教授，1955年任斯坦福大学心理学教授，在这段时间里，费斯廷格发表了关于社会比较理论的研究，该研究将其先前有关社会团体中态度评估的理论扩展到了社会团体中能力的评估（Festinger, 1954）。

费斯廷格在1957年提出了认知失调理论，这个理论可以说是他对社会心理学领域最著名和最具影响力的贡献（Festinger, 1957）。也有人认为，认知失调理论是费斯廷格先前研究（即有关团体压力的研究）的拓展，通过消除在组织中态度和能力的差异来阐述个体如何在认知层面上来消除这种差异（Schachter, 1994，p.104）。费斯廷格的研究得到了广泛的认可，并引起了社会心理学界的积极响应。基于他在该研究领域的贡献，1959年他被美国心理学会授予"杰出科学贡献奖"；而在其他领域，在其社会比较理论发表后不久，他就被《财富》杂志评为"美国十大最有前途的科学家"（Schachter, 1994，p.103）。

虽然获得了这些荣誉和奖项，研究成果也得到广泛的认可，但是，费斯廷格在1964年还是离开了社会心理学的研究领域。他做出了自己的决定："我坚信，在那个时候我一直在成长。就我个人而言，我不是一成不变的，为了能继续创作，我需要从新的领域给自己注入新的知识。"（Festinger, 1980, p.248）这时他将注意力转向视觉系统，开始关注人类眼球的运动和色彩感知。1968年，费斯廷格回到他的出生地——纽约，继续在社会研究新学院（New School for Social Research，现名 The New School）从事知觉研究。1979年，他因为对工作中"越来越狭窄的技术问题"不满而关闭了他的实验室（Festinger, 1983, p. ix）。

三、晚年生活

在关闭实验室4年之后，费斯廷格对自己过去的研究成果表达出深深的失望之情：在我个人生命中，40年对我来说是十分漫长的，虽然我在这段时间里学习和了解了一些有关人类和人类行为的知识，但是速度并不是非常快，也没有新知识能给人留下深刻的印象；更糟的是，从一个更广泛的观点来看，我们似乎并没有解决许多重要的问题（Festinger，1983，p. ix）。

费斯廷格随后开始探索史前考古资料，经常与斯蒂芬·杰·古尔德（Stephen Jay Gould）开会讨论，并参观考古遗址，调查第一手原始资料（Gazzaniga，2006，pp. 91-92）。他的努力体现在《人类的遗产》这本书上，并以此最终画上了句号。在这本书中，他探讨了人类如何进化和如何形成复杂的社会群体（Festinger，1983）。

费斯廷格认为，他对心理学的研究表面上已经停止或全面放弃，但是现在的这些研究，如《人类的遗产》等，是回归心理学的基本内容。他将新研究的意义描述为"从不同的优势角度、不同的数据领域所见证的关于该物种的本性、特征，我们将其称为人"（Festinger，1980，p. 253）。然而，当其他心理学家问他新研究的目的如何与心理学相关时，费斯廷格倒是感觉困惑了（Schachter，1994，p. 106）。

费斯廷格的下一个也是最后一个事业就是想去了解为什么一个观点会被一种文化接受或拒绝，并且他决定去调查为什么新技术能快速地在西方被采用，而不是在东罗马帝国被采用，这也许能很好地解释前面提到的费斯廷格的困惑（Gazzaniga，2006，p. 92）。然而不幸的是，在发表这些材料之前，他被诊断得了癌症。在全面评估了各种可能后，他决定不寻求治疗，在生命的最后一段时间里，他工作、写作、访问朋友，平静地接受死亡。1989年2月11日，费斯廷格在纽约去世，享年70岁（Schachter，1994，p.106）。

第二节 主要著述年表

1940 年:

Hertzman, M., & Festinger, L. (1940). Shifts in explicit goals in a level of aspiration experiment. *Journal of Experimental Psychology*, 27(4), 439-452.

1942 年:

Festinger, L. (1942). A theoretical interpretation of shifts in level of aspiration. *Psychological Review*, 49(3), 235-250.

Festinger, L. (1942). Wish, expectation, and group standards as factors influencing level of aspiration. *Journal of Abnormal and Social Psychology*, 37, 184-200.

1943年:

Festinger, L. (1943). Development of differential appetite in the rat. *Journal of Experimental Psychology*, 32(3), 226-234.

Festinger, L. (1943). An exact test of significance for means of samples drawn from populations with an exponential frequency distribution. *Psychometrika*, *8*(3), 153-160.

Festinger, L. (1943). A statistical test for means of samples from skew populations. *Psychometrika*, *8*(4), 205-210.

Festinger, L. (1943). Studies in decision: I. Decision-time, relative frequency of judgment and subjective confidence as related to physical stimulus difference. *Journal of Experimental Psychology*, *32*(4), 291-306.

Festinger, L. (1943). Studies in decision: II. An empirical test of a quantitative theory of decision. *Journal of Experimental Psychology*, *32*(5), 411-423.

Cartwright, D. , & Festinger, L. (1943). A quantitative theory of decision. *Psychological Review*, *50*, 595-621.

1946年:

Festinger, L. (1946). The significance of difference between means without reference to the frequency distribution function. *Psychometrika*, *11*(2), 97-105.

1947年:

Festinger, L. (1947). The role of group belongingness in a voting situation. *Human Relations*, *1*(2), 154-180.

Festinger, L. (1947). The treatment of qualitative data by scale analysis. *Psychological Bulletin*, *44*(2), 149-161.

1948年:

Festinger, L. , Cartwright, D. , Barber, K. , Fleischl, J. , Gottsdanker, J. , Keysen, A. , & Leavitt, G. (1948). A study of rumor transition: Its origin and spread. *Human Relations*, *1*(4), 464-486.

1949年:

Festinger, L. (1949). The analysis of sociograms using matrix algebra. *Human Relations*, *2*(2), 153-158.

1950年:

Festinger, L. (1950). Informal social communication. *Psychological Review*, *57*(5), 271-282.

Festinger, L. (1950). Psychological statistics. *Psychometrika*, *15*(2), 209-213.

Back, K. , Festinger, L. , Hymovitch, B. , Kelley, H. , Schachter, S. , & Thibaut, J. (1950). The methodology of studying rumor transmission. *Human Relations*, *3*(3), 307-312.

Festinger, L. , Back, K. , Schachter, S. , Kelley, H. H. , & Thibaut, J. (1950). *Theory and experiment in social communication*. Research Center for Dynamics, Institute for Social Research, University of Michigan.

Festinger, L. , Schachter, S. , & Back, K. (1950). *Social*

pressures in informal groups: A Study of human factors in housing. Stanford, CA: Stanford University Press.

1951年:

Festinger, L. (1951). Architecture and group membership. *Journal of Social Issues*, 7(1-2), 152-163.

Festinger, L. , & Thibaut, J. (1951). Interpersonal communication in small groups. *Journal of Abnormal and Social Psychology*, 46(1), 92-99.

1952年:

Festinger, L. , Pepitone, A. , & Newcomb, T. (1952). Some consequences of deindividuation in a group. *Journal of Abnormal and Social Psychology*, 47(2), 382-389.

Festinger, L. , Gerard, H. , Hymovitch, B. , Kelley, H. H. , & Raven, B. (1952). The influence process in the presence of extreme deviates. *Human Relations*, 5(4), 327-346.

1953年:

Festinger, L. , & Katz, D. (Eds.). (1953). *Research methods in the behavioral sciences*. New York: The Dryden Press.

1954年:

Festinger, L. (1954). A theory of social comparison processes. *Human Relations*, 7, 117-140.

Festinger, L., & Hutte, H. A. (1954). An experimental investigation of the effect of unstable interpersonal relations in a group. *Journal of Abnormal and Social Psychology*, 49(4), 513-522.

Festinger, L., Torrey, J., & Willerman, B. (1954). Self-evaluation as a function of attraction to the group. *Human Relations*, 7(2), 161-174.

Hoffman, P. J., Festinger, L., & Lawrence, D. H. (1954). Tendencies toward group comparability in competitive bargaining. *Human Relations*, 7(2), 141-159.

1955年:

Festinger, L. (1955). Social psychology and group processes. *Annual Review of Psychology*, 6, 187-216.

1956年:

Festinger, L., Riecken, H. W., & Schachter, S. (1956). *When prophecy fails*. Minneapolis, MN: University of Minnesota Press.

1957年:

Festinger, L. (1957). *A theory of cognitive dissonance*. Stanford, CA: Stanford University Press.

Brehm, J., & Festinger, L. (1957). Pressures toward uniformity of performance in groups. *Human Relations*, *10*(1), 85-91.

1959年:

Festinger, L. (1959). Sampling and related problems in research methodology. *American Journal of Mental Deficiency*, *64*(2), 358-369.

Festinger, L. (1959). Some attitudinal consequences of forced decisions. *Acta Psychologica*, *15*, 389-390.

Festinger, L., & Carlsmith, J. M. (1959). Cognitive consequences of forced compliance. *Journal of Abnormal and Social Psychology*, *58*(2), 203-210.

1961年:

Festinger, L. (1961). The psychological effects of insufficient rewards. *American Psychologist*, *16*(1), 1-11.

Allyn, J., & Festinger, L. (1961). The effectiveness of unanticipated persuasive communications. *Journal of Abnormal and Social Psychology*, *62*(1), 35-40.

Schachter, S., Festinger, L., Willerman, B., & Hyman, R. (1961). Emotional disruption and industrial productivity. *Journal of Applied Psychology*, 45(4), 201-213.

1962年：

Festinger, L. (1962). Cognitive dissonance. *Scientific American*, 207(4), 93-107.

Lawrence, D. H., & Festinger, L. (1962). *Deterrents and reinforcement: The psychology of insufficient reward*. Stanford, CA: Stanford University Press.

1964年：

Festinger, L. (1964). *Conflict, decision and dissonance*. Stanford, CA: Stanford University Press.

Festinger, L. (1964). Behavioral support for opinion change. *Public Opinion Quarterly*, 28(3), 404-417.

Festinger, L., & Maccoby, N. (1964). On resistance to persuasive communications. *Journal of Abnormal and Social Psychology*, 68(4), 359-366.

1965年：

Festinger, L., & Canon, L. K. (1965). Information about spatial location based on knowledge about efference. *Psychologi-*

cal Review, 72(5), 373-384.

1967年:

Coren, S., & Festinger, L. (1967). An alternative view of the "Gibson normalization effect". *Perception & Psychophysics*, 2(12), 621-626.

1976年:

Festinger, L., Sedgwick, H. A., & Holtzman, J. D. (1976). Visual perception during smooth pursuit eye movements. *Vision Research*, 16(12), 1377-1386.

1977年:

Komoda, M. K., Festinger, L., & Sherry, J. (1977). The accuracy of two-dimensional saccades in the absence of continuing retinal stimulation. *Vision Research*, 17(10), 1231-1232.

Miller, J., & Festinger, L. (1977). Impact of oculomotor retraining on visual-perception of curvature. *Journal of Experimental Psychology: Human Perception and Performance*, 3(2), 187-200.

1978年:

Festinger, L., & Holtzman, J. D. (1978). Retinal image

smear as a source of information about magnitude of eye movement. *Journal of Experimental Psychology: Human Perception and Performance*, 4(4), 573-585.

Holtzman, J. D., Sedgwick, H. A., & Festinger, L. (1978). Interaction of perceptually monitored and unmonitored efferent commands for smooth pursuit eye movements. *Vision Research*, 18(11), 1545-1555.

1979年:

Hochberg, J., & Festinger, L. (1979). Is there curvature adaptation not attributable to purely intravisual phenomena? *Behavioral and Brain Sciences*, 2(1), 71.

1980年:

Festinger, L. (Ed.). (1980). *Retrospections on social psychology*. Oxford: Oxford University Press.

1981年:

Festinger, L. (1981). Human nature and human competence. *Social Research*, 48(2), 306-321.

1983年:

Festinger, L. (1983). *The human legacy*. New York: Columbia University Press.

第三章　费斯廷格名篇选译

本章将对费斯廷格已发表文章中有关社会群体如何相互作用和影响的观点和理论进行归纳与整理，着重论述社会比较理论和强制性服从的认知结果在其他领域中的应用，并深入探讨两者在个体能力评估和观点评估中的作用机制。

第一节 《社会比较过程理论》[1] 选译

社会心理学领域的理论和假设经常被视作"似是而非"。"似是而非"意味着这些理论或假设是否符合人类常识并不能确定,但是值得注意的是这里所呈现的理论并非"似是而非",它解释了大量的实验数据并产生了可验证的推论。为此,我们专门设计了三个实验来验证该理论,如今均已完成,并很好地证实了该理论。在接下来的文章中,我们拓展该理论并呈现有关数据。

一、假设和推断

假设Ⅰ:人类机体内存在一种评估自身观点(opinions)和能力(abilities)的内驱力(drive)。

虽然观点和能力初看起来似乎是两个完全不同的概念,但实际上它们是有着紧密联系的功能纽带:对自我存在和能力评估的认知(观点和信念)会一起影响行为。坚持错误观点或对自己能

---

[1] 译自 Festinger, L. (1954). A theory of social comparison processes. *Human Relations*, 7, 117-140. 这篇论文是费斯廷格关于社会比较理论的代表性论文,由陈智勇翻译,钟毅平整理并审校。

力的错误评估使人身心疲惫，在某些情境下甚至是致命的。

首先有必要澄清观点和能力评估的区别，因为乍看起来，某人对他人的能力评估也是一种观点。能力只能通过行为表现展现出来。行为表现的水平可能因为不同能力的排序准则而改变。当前情形下，对能力的评估功能就如同客观现实中未被直接验证的观点。比如，一个人对自己写诗能力的评估主要根据他人对自己写诗能力的观点而定。在标准清楚以及能明确排序的情境下，也就是存在一个可以评估自己能力的客观现实，这样，人们就不用依靠他人的观点而是更多地根据自己与他人表现的不同来评估自己的能力。例如，如果一个人评估自己跑步的能力，他将对比自己与他人在跑同样距离的情形下所用的时间。

在下文中，能力评估是指明确情境下的能力评估。当然，现实生活中呈现的情境一般是观点和能力的混合体。

前人的文章指出，人类存在判定观点对错的内驱力。我们在此指出，这种内驱力亦会促使人们获取正确的能力评估。

该内驱力存在的行为内涵是：我们可以通过观察那些会自我检验观点是否正确的人们和验证能力评估是否正确的行为进行考察。这样，我们经常需要回答诸如人们如何评估他们的观点和能力之类的问题。

假设 II：在一定程度上，客观的、非社会性的方法是不存在的，因此，人们通过分别比较自己与他人的观点和能力进行评估。

在许多甚至是大多数情况下，观点正确与否，通过参考物质世界并不能立即得到答案。同样，我们也不太可能通过参考物质世界而正确地评估能力。一个人可以用锤子敲击物品来验证物品易碎这个观点是否正确，但是要如何验证某个政治候选人是否优于他人或者战争无法避免之类的观点呢？即便是存在一个可验证观点的物理参考，人们也不大可能使用。某个信念，如番茄对人体有害（曾经一时广为认可）也不太可能被验证，该情境与能力评估类似。如果单从是否能跳过特定小溪来评判跳跃能力，我们似乎很容易得到正确的能力评估。然而，多种能力的模糊性和多目的性常常使得一个明确的客观检验并不容易甚至不可能实施。例如，一个人要怎样判断自己有多聪明？同样，一个人可以测出他跑一段距离所用的时间，但是这对他的能力意味着什么——是跑得快还是跑得慢？不论是观点还是能力，在一定程度上，客观物质基础并不可用，对正确或错误观点的主观判断和对能力主观正确的评估取决于如何将自己与他人对比。

推断ⅡA：如果既没有物理（physical）比较也没有社会比较，那么对观点和能力的主观评估是不稳定的。

有关期望水平（level of aspiration）的研究表明，在没有他人比较的条件下，能力的评估并不稳定。研究期望水平的经典实验情境是：在自然情境下，实验者给予被试一系列任务，可能是向一个目标连续投掷飞镖、进行信息检验或解谜之类的任务。在每个试次（trial）后，实验者反馈他的得分（得分多少、正确次数或花费时间），要求他指出期望在下一个试次中的得分。之前，这些实验用来解释目标导向行为（goal directed behavior）。

如果我们仔细思考实验情境，很明显个体所陈述的期望水平实际上是对自己一般能力表现的判断，换言之，是他当时对自己将得到分数的评估，也就是对自己能力的评估。数据显著表明：如果一个人的得分和他的预期一样，他就觉得自己表现良好（成功经验）；如果他的得分比他的预期少，他就觉得自己发挥不好（失败经验）。

我们发现，在一些情境下，被试并没有机会与他人比较。研究的数据表明，期望水平随着自己表现的波动而波动。如果他比以前得分高，那么之前认为的优异表现不再优异，他的期望水平也会随之增加。如果他的表现变差了，期望水平也会下降。即便是对任务进行了大量的尝试，评估依然存在波动。

关于观点的研究也发现了类似的不稳定性。在游动效应（autokinetic effect）的研究中，实验者要求被试判断光点移动的距离，这种判断在缺乏可用来比较的个体时同样也存在波动。

推断ⅡB：如果有客观的、非社会的基本原则，那么人们就不会通过与他人比较来评估观点和能力。

霍克鲍姆（Hochbaum，1953）报告的一个实验支持了推断ⅡB。实验者说服了一半被试，让他们相信自己特别擅长对当前讨论的事情做出正确判断。另一半被试则感觉自己特别不善于做出判断。然后，实验者要求被试写下自己的观点，并给他们一张纸条，上面写有群体中其他人的观点，实际上是告诉每个被试，其他人并不同意他的观点。那些认定自己观点比较可靠的人没有改变自己的原有观点，而那些觉得自己不善于判断的被试则在发现其他人的观点与自己不一样后频繁改变原有观点。

假设Ⅲ：随着自身观点和能力与某特定他人之间差异的增加，个体与之进行比较的倾向会减少。

当他人与自己观点或能力差异过大时，个体将不会通过与他人进行比较来评估自己的观点或能力。如果能力相差太大，不论是高还是低，通过与其进行比较将不太可能正确地评估自身能力，所以个体将倾向于不去比较。以一个大学生为例，他当然不会拿自己和公共机构中的智障人士去对比来评估自己的智商。一个初学国际象棋的人也不会拿自己和公认的大师进行比较。

这一点也同样适用于观点的评估。一个人不会通过与自己观点相差极大的人进行比较来评估自己观点的对错。例如，一个认为黑人、白人平等的人不会通过与那些反对黑人群体的观点进行比较来评估自己的观点，换言之，观点和能力比较的人群范围存在自我设定的限制。

推断ⅢA：在给定可以比较的人群范围的情况下，人们会选择与自身观点和能力相近的人作为比较参照。

惠特莫尔（Whittemore, 1924）的一个实验为该推断提供了证据。研究的目的是考察绩效和竞争的关系。被试围着圆桌入座并开始完成实验任务。他们相互之间都可以观察到其他人完成任务的进度。任务完成后，实验者要求被试进行内省报告，结果发现被试总是不由自主地选择那些进度跟自己接近的人作为竞争对手。

推断ⅢB：如果仅有一个分歧较大的比较者，那么人们将无法对自己的观点和能力做出精准的评估。

在能力方面有相关证据证实了该推断，但我们未发现观点方面的相关证据。

霍普（Hoppe，1930）在关于期望水平的实验中报告：当被试得分极大高于或低于期望水平时，他们不会体验到相对的成功或失败感。换言之，极端的差异分数并不会给予自己评估的基准。在德雷尔（Dreyer，1953）的实验中，实验者操纵了被试（高中生）的得分，分别反馈远高于平均水平、与平均水平相当及远低于平均的评分。在一系列试次后，实验者问他们："你觉得自己在测验中表现如何？"存在五类可能的回答：最高两级是好或非常好，最低两级是差或非常差，中间表示不确定。那些远高于或远低于平均水平的被试比平均水平的被试更多地选择中间项而表示不确定。同样，平均而言，那些被告知处于平均水平的被试比被告知高于平均水平的被试更多地感到自己表现得较好。

我们因此可以得出结论，在能力和观点的比较上存在选择性，其中一个影响选择性的重要因子即自己观点或能力与他人之间的差异多少。在现象学上，观点和能力的表象是不同的，但在概念上二者是完全一样的过程。就观点而言，人们会觉得那些自己不去比较的人是和自己不同类型、不同群体或不同背景的人。在能力方面，它的表现过程就是指个体体验到那些能力与自己处于不同层次的人优于或劣于自己的状态。我们将在后面进行详尽论述。

派生 A（根据假设Ⅰ、Ⅱ、Ⅲ）：当可用来比较的他人与个体在能力或观点上相近时,个体对观点或能力的主观评估是稳定的。

派生 B(根据假设Ⅰ、Ⅱ、Ⅲ):当可用来比较的他人与个体在观点或能力上有些不同时,个体可能产生改变观点或能力评估的倾向。

同样有数据证明对群体观点或能力的知晓会影响个体的评估,而这种评估起初仅私下产生。如同我们的假设一样,如果一个观点或能力的评估是在没有与他人比较的条件下产生的,那么,这种评估一定是不稳定的,所以我们预测,个体获得与他人比较的机会,将极大地影响自我评估。这一点不论在能力还是在观点维度上都得到了验证。在有关期望水平的实验中,被试在无法与他人比较成绩的条件下完成一系列实验任务后,知道他人完成任务的情况。当他人和被试在采取的方法上类似,而完成任务后得到不同的分数时,被试所述的期望水平(他所认为的好成绩)几乎总是向他人的成绩靠近。实验还发现在这种条件下,期望水平随成绩的波动较小,也就是更稳定了。当被告知他人成绩与自己得分大致相等时,个体评估能力的稳定性也会增加,即期望水平可变性降低了。德雷尔(Dreyer,1953)设计的实验可部分证明:得分接近群体的被试与得分远高于或低于群体的被试相比,期望水平变化更少。总之,个体从他人的表现上可以判断出自己的能力水平,所以使得评估更加稳定。

在观点方面,费斯廷格等人(Festinger et al.,1952)发现了类似的结果。实验者要求被试先独自酝酿观点,接着让他了解所属群体较一致的观点。那些发现自己的观点不被群体认同的人表现出更多的不自信，怀疑自己观点的正确性，大多改变了原有观点。而那些发现群体观点与自己观点相同的人会对自己所持的观点非常自信，极少有人改变观点。这再一次证实，与他人比较可以界定出一个正确的观点，使得评估更加稳定。这一结果同样也在霍克鲍姆（Hochbaum，1953）的实验中得到了验证。

我们可以通过数据得出派生 A 和派生 B 的结论。

派生 C（根据假设Ⅰ、推断ⅢB）：在观点和能力上，个体对差异情境比相近情境表现出更少的兴趣。

该结论是通过假设Ⅰ和推断ⅢB得出的。如果个体存在一种评估能力和观点的内驱力，同时这种评估只是针对相近的人，那么，对于个体来说，在能力或观点上和自己相近的群体具有吸引力。有数据从观点和能力两个维度证实了该结论。

在费斯廷格等人（Festinger et al.，1952）的实验中，被试在写下自己关于某事件的观点后，得到一张纸条，通过其中包含的表格可以大概了解群体的观点。实验者让一些被试觉得群体与自己抱有相类似的观点，让另一些被试觉得群体与自己的观点相差很大。然后，实验者询问被试对该群体的喜欢程度。在八种不同的实验条件下，认为他人与自己观点相差较大的被试对群体的喜欢程度较低。

之前所提及的德雷尔（Dreyer，1953）的实验，可以用来证明该结论中的能力维度。他使用了期望水平的情境，修改了报告给被试的分数，所以可操纵被试的体验，使有些被试感觉自己的得分远高于群体平均水平，有些被试感觉自己的得分远低于群体平均水平，还有些被试觉得自己的得分与群体平均水平相同。在每个试次后，实验者询问他们是否愿意再尝试一次或停止。结果，那些被告知得分显著高于或低于群体平均水平的被试不能对自己的能力做出准确的评估，对这种情境失去兴趣，从而停止尝试。平均而言，那些被告知得分显著高于群体平均水平的被试5次尝试后停止了实验，那些被告知得分显著低于群体平均水平的被试9次尝试后才停止实验。被告知得分正处于群体平均水平的被试与被告知得分远低于群体平均水平的被试相比，尝试次数无显著差异，说明该结论在能力方面还存在偏差。这可能是其他压力出现所导致的，后面将详细进行讨论，即：我们追求越来越好的文化价值观，使得低于平均水平的被试觉得自己应当可以达到平均水平。

这些结果来自德雷尔的实验，同样在霍克鲍姆（Hochbaum,1953）的实验中也得到验证。实验者使一半被试认为自己的能力显著优于群体中的其他人，另一半被试则觉得自己的能力明显不如群体中的其他人。在实验最后，实验者问被试如果重新实验，是否愿意仍处于同一群体。认为自己的能力远高于群体中其他人的被试，仅38%的人愿意重返同一群体。而那些以为自己的能力远低于群体中其他人的被试，则有68%的人愿意重返同一群体。

派生D（根据假设Ⅰ、Ⅱ、Ⅲ）：一个群体中存在观点或能力的矛盾分歧，会促使部分成员采取减少该矛盾的行动。

如同我们在假设Ⅰ、Ⅱ、Ⅲ及推断中所阐述的，人们存在一种正确评估自己观点和能力的内驱力,这种评估往往在与他人的比较当中,这种比较通常倾向于选择与自己在能力或某个问题上观点相近的人,意味着这种内驱力会促使人们采取行动,创造他人与自己在能力和观点上相近的情境,换言之,即采取消除自我与比较对象之间分歧的行动。

在讨论与该结论相关的数据之前,我们有必要指出观点和能力在影响减少分歧的行为表现上的两个重要差异。我们将以假设的形式论述它们。

假设Ⅳ:能力存在向上的单向驱力,而观点则不存在这样的情况。

能力的不同表现有着本质上不同的价值。在西方文化背景下,人们存在这样一种价值观,即不断进步则越来越好,这意味着更好的表现将得到更多的赞誉。不论这是否由文化决定,文化变量始终是一个重要问题,但在这里我们并不对其进行详尽讨论。

对于大多数观点,在没有比较的情况下,我们并没有一个固有的基准去判断哪种观点比其他观点更加优越。如果我们认为某特定问题的观点如同一个分等级的连续体,那么没有哪种观点在内部价值上优于其他观点。这种价值来源于一种主观感觉,感觉哪种观点正确并可靠。

假设Ⅴ:存在一种非社会限制,使得人们难以甚至不可能改变自己的能力。这种非社会限制在很大程度上不适用于观点。

如果一个人转变了自己对某事的看法,放弃了一种信仰而选择了另一种信仰，那么进一步改变将不存在困难。有时让人转变某个含有观点或信念的看法是相当困难的。由于个体存在观点、信念以及人格特征的一致性，所以他总有某种倾向，这也就阻碍了个体的改变。但这里需强调的是，一旦个体克服了这种阻碍，限制这种改变生效的阻隔将不再存在。

一般而言，改变能力或反映能力的成绩存在强大非社会性的制约。即便一个人相信自己能跑得更快或变得更聪明，甚至有强烈改善能力的动机，然而要产生变化也存在极大的困难。

我们可能现在无法考察派生 D 的内涵。假设 Ⅳ 很明确地说明了减少观点矛盾是因为一种趋于一致的压力。当观点的一致性得以实现时，社会静止状态（state of social quiescence）就会出现。然而就能力而言，减少矛盾的行动与趋于完善的单向驱力存在交互作用。两种压力同时作用，使得所有成员向某一特定能力水平发展，却无法完全达到一致。当个体的能力稍微优于其他人时，压力不会使他变得更好。显然，群体中的每个人不可能都受到一致的压力影响。也就是说，能力的评估永远无法达到一种社会静止状态。

派生 D1：观点或能力上的分歧会使人产生改变立场，与群体中其他人更加接近的倾向。

派生 D2：观点或能力上的分歧会使人产生改变群体中其他人，使其与自己更加接近的倾向。

根据假设 Ⅴ，我们可以了解观点和能力产生过程中的区别。观点会相对自由地变化，改变群体成员立场的过程是通过主导社会定位的行为表现出来的。观点存在分歧时，会使人产生趋于一致的压力，这种压力会在影响过程中表现出来。群体成员企图影响他人时，现有观点将变得不稳定，容易发生改变。如果群体产生了观点一致性，那么这种社会影响过程将会停止。

当能力方面也存在趋于一致的压力时，该压力将较少表现在社会过程中，而更多表现在与环境抗争的行为中。一个人比竞争对手跑得慢，而这种能力对他非常重要，那么，他可能会花费大量的时间练习跑步。在一个类似的情境中，如果这种能力是智力，他可能会更加努力学习。但是，不用说，能力一致可能不一定发生，即便是发生了，也比观点一致所花费的时间多得多。

如果不是假设Ⅳ所提到的单向驱力的同时作用，不用说，改变群体成员立场的过程就可能不具有竞争力。因为单向驱力和趋于一致的压力共同作用，所以在能力上个体将自己定位于稍优于其他竞争者。即使能力在某刻达到了一致，只要向上的单向驱力仍然存在，竞争就不会因此而停止。

在能力和观点方面，有数据支持以上两个派生的结论。巴克（Back，1951）、费斯廷格和蒂博（Festinger & Thibaut，1951）、费斯廷格等人（Festinger et al.，1952）的实验都说明了群体观点的分歧会同时导致两种倾向：一是影响他人，使之同意自己的观点；二是改变自己，与群体中他人的观点保持一致。这两个过程会使得群体观点越来越接近而趋于一致。在群体中针对某问题的意见达成一致时，这种相互影响的过程将会终止。在能力方面，我们没有直接证据的原因是：其一，针对相关问题的研究较少；其二，在社会过程中，因压力而减少能力分歧的过程并不明确，另外，趋于完善驱力的作用使得该过程更加复杂，所以很难定性。有关证据来自关于期望水平的文献，文献指出，在大多数情境中，个体的期望水平定位一般稍高于自己的能力。如果一个人被告知他的表现处于群体平均水平，那么他的期望水平一般会稍稍高出群体平均水平。结果如同预期，说明向上的单向驱力和趋于一致的压力共同作用，会使个体定位在稍优于比较对象的位置上。这些数据说明了人们渴望改变自己与他人的相对位置。

霍夫曼等人（Hoffman, Festinger, & Lawrence, 1954）设计了一个部分检验该结论的实验，结果清楚地证实了竞争过程的存在。在一个任务情境中，三人中一人的得分显著高于其他两人，这两人采取行动以防止高分者获得更多的分数。这样的话，在情境是设定的情况下，每个人的成绩都将受到群体中其他人的控制，每个人将采取行动以减少已产生的矛盾。

接着，我们假设，在没有其他对比群体来影响能力评估的条件下，那个表现显著优于群体中其他人的个体，因为其他人能力明显较差，所以无法准确参照而进行有效的自我评估。这时比较的压力可能会产生两种表现：一种表现是，他的能力表现可能在一个时期内出现明显的下滑；另一种表现是，他可能花费大量时间和精力去改变群体中其他人的能力，使得他们至少与自己接近但不会一致。他可能以训练、教导、激励他人等等之类的改进形式来进行。一旦群体中其他人具有了可比性，那么这个过程将变成我们熟知的竞争状态。

有些非直接的实验证据支持了该假设。在格林伯格（Greenberg, 1932）报告的一个有关竞争的研究中，成对的孩子围着圆桌而坐，用积木堆中的积木块搭建物体。从积木堆中拿走积木意味着竞争，将积木给予他人意味着缺乏竞争。作者报告了两个朋友 E. K. 和 H. 的案例。某段时间，E. K. 的建筑明显优于 H.，此时 H. 找 E. K. 要积木，E. K. 给予了无偿帮助。之后，E. K. 还会问 H. 是否需要更多的积木。在实验的最后阶段，虽然实验者其实认为两个建筑几乎一样，但当问及孩子谁的更好时，E. K. 说"我的"，片刻之后 H. 也同意了。

根据多对孩子的案例，作者总结如下："有时当一个孩子给予另一个孩子积木时，其实这根本不是一种无私的慷慨行为，而是一种友好竞争及自我炫耀的表现。"

派生 D3：当存在观点或能力的分歧时，人们倾向于停止将自己与那些跟自己差异过大的人进行比较。

相似性（comparability）可以通过改变成员立场（position）来实现，亦可通过改变比较群体的组成来完成。例如，如果一致性压力存在于一个观点分歧较大的群体中，那么个体将会有一种重新定义比较群体的倾向，即剔除那些观点与自己相差最大的人。换言之，个体仅仅停止与这些人进行比较。

在这里，我们还将对因观点或能力差异而停止比较的外在行为表现进行预测。人们评估观点和能力的先天特性促使了这种差异的产生，另外，能力所存在的向上的单向驱力造成了不对称的表现。我们将逐一对它们进行考虑。

对观点的评估是根据主观的正误判断来进行的,而对能力的评估是根据貌似有多优秀来进行的。换言之,某人的能力与自己相差很大,这并不有利于评估能力,也不会使自己不适或不高兴;然而,不同的观点对自己的观点存在威胁,因为这意味着自己的观点可能不正确。接下来我们将论述假设Ⅵ——他人不可比较的过程(停止将自己与他人进行比较)伴随着敌意和观点损毁的产生,但一般不会发生在能力上。

假设Ⅵ:停止与他人比较伴随着敌意或损毁,因为在一定程度上,继续与这些人进行比较意味着将导致令人不快的结果。

在观点方面,我们认为一个人不跟他人比较意味着群体拒绝了他。在能力方面,这种情况可能存在,也可能不存在,似是而非的一个理由是这种比较几乎不会导致能力损毁。然而,当一个人不与那些优于自己的人比较时,在某些情况下,向上的单向驱力的作用可能会导致能力损毁。

能力的不对称(asymmetry)是我们期望发现的另一差异。自己的观点不论偏向哪边,都可能导致同样的结果,然而,能力有着不同的作用。不与他人比较的过程会导致地位分层(status stratification),即有些人明显优越,另一些人则明显低劣。

推论ⅥA:就观点而言,停止与他人比较将伴随着敌意和损毁。就能力而言,这一点一般不成立。

费斯廷格等人(Festinger, Schachter, & Back, 1950)以及沙赫特(Schachter, 1951)的实验表明,当群体中有不同见

解时，个体存在排斥那些与自己观点大相径庭者的倾向。这种排斥伴随着与驱逐者交流的相对中止。毋庸置疑，这又是一个停止比较的证据。

霍夫曼等人（Hoffman, Festinger, & Lawrence, 1954）的实验数据从能力方面考察了该推论。在一项智力测验上，三人群体中一人得分显著高于其他两人。在形势允许的条件下，两个低分者停止与高分者进行比较，开始相互比较。在选择这样做的时候，他们仍旧在评估高分者智力时给予高出自己很多的分数，也就是承认他更加优秀，但在那些仍与高分者竞争的情境下，他们则不会承认高分者的智力高于自己。换言之，当情境允许时，人们停止与比他们明显优秀的人进行比较，这种停止比较行为伴随着对他人优越的认同。许多社会经济学问题都表明人们不存在对高分者的敌意和损毁。

通过讨论趋于一致的压力所产生的行为表现，我们现在就压力强度的决定因子提出问题。

派生E（根据假设Ⅰ、Ⅱ、Ⅲ）：任何因素若能增加评估某种特定能力或观点的内驱力，那么它也将增加相应能力或观点趋于一致的压力。

假设Ⅶ：任何因素如果增加了某种特定观点或能力对群体的重要性，那么它也就增加了该能力或观点趋于一致的压力。

为了使以上论述有实证数据支持，我们必须明确影响的因素。下面论述的推论将明确一些具体的因素。我们接着将呈现有关推论的数据。

派生 E 的推论：某个能力或观点的重要性增加，或者它与即时行动的关联性增加，会加大个体消除分歧的压力。

如果一种观点或能力对某人不太重要，那么他就不存在评估该观点或能力的内驱力。一般而言，观点或能力的重要性越强，与行为特别是社会行为相关更紧密，对行为影响更直接，那么，个体产生评估的内驱力也就越强。例如，在大选年度中，影响政治观点的过程的重要性远高于其他年份。同样，当一个人必须在读研究生和找工作之间做出决定时，他评估智力的内驱力将会增强。之前提及的霍夫曼等人（Hoffman, Festinger, & Lawrence, 1954）的实验在能力方面证实了该推论。实验中，群体成员均完成智力测验。情境是，其中一个被试（已给予报酬的被试）的初始分数显著高于其他二人，从那时起，这两个被试可以完全控制高分被试的得分。阻碍他人得分的程度被认为是个体的竞争程度，也是压力强度的间接测量方式。一半被试群体被告知他们所做的测验是非常可靠有效的，可以较好地反映出智力大小，使得被试认为该能力特别重要。另外一半被试群体则被告知该测验不可靠，实验目的就是证实该测验的确是一个劣质的测验，这样的话，被试的表现优劣也因此变得不重要了。结果表明，与高分者的竞争程度在高重要条件下显著高于在低重要条件下。

遗憾的是，没有相关实验数据从观点角度进行验证。然而，应用于观点方面的派生 E 的推论是可验证的。

我们将呈现关于群体成员改变立场的数据。随着趋于一致的压力的增加，个体停止与差别较大的他人进行比较的倾向也应增加。这意味着比较人群的范围将随着趋于一致的压力的增加而缩小。这也就产生了一个有关能力的可验证假设，一种能力对某人越重要，那么该能力趋于一致的压力也就越大，竞争也就越强，他也就更愿意承认和接受他人明显强于自己。就像是在影响过程中，一旦发生了排斥，个体也就会停止对不可比较的他人的交流和影响尝试（influence attempts），所以我们认为一旦优劣地位已定，个体会停止与不可比较的他人的竞争。

例如，如果两个人的某种能力相同，但对他们个人的重要性存在差异，那么根据以上理论，认为该能力更重要的人将表现出更强的竞争状态，更愿意将"低等"标签给那些能力明显弱于自己的人，也更愿意将"高等"标签给那些能力明显优于自己的人。换言之，他将在更小的范围内变得更有竞争力。

推断ⅦA：群体吸引力（attraction）越大，群体成员在能力或观点上趋于一致的压力也就越大。

群体对一个成员的吸引力越大，该成员也就觉得群体越重要，因此作用在他身上减少能力或观点分歧矛盾的压力也就越大。我们预期这种趋于一致的较大压力主要在他身上以三种方式体现，即增加改变自己立场的倾向、增加改变他人立场的努力、进一步限制比较范围。

就观点方面，有许多研究证实了该推断。巴克（Back, 1951）的实验表明，高吸引力群体比低吸引力群体存在更多影响他人的尝试。在高吸引力群体当中，这种影响他人的努力（exertion）常常伴随着更多观点的改变。费斯廷格等人（Festinger et al., 1952）发现当群体中大多数人不同意自己的观点时，相对于低吸引力群体，高吸引力群体中的成员更频繁地改变自己的观点，而这种观点的改变是在受到其他成员影响之前发生的。他们还发现高吸引力群体比低吸引力群体表现出更多的相互交流影响。

沙赫特（Schachter, 1951）发现，群体吸引力同样也增加了停止与差异较大个体比较的倾向。高吸引力群体的成员比低吸引力群体的成员对分歧者表现出更多的排斥。

费斯廷格等人（Festinger, Torrey, & Willerman, 1954）设计了一个实验，用来就能力方面检验推断ⅦA。如果给定一系列反映能力的表现，那么在高吸引力群体中将存在更强的比较和竞争，这可通过测验后被试完成任务的感觉来反映。如果推断ⅦA是正确的，那么，那些得分稍低于他人的个体在高吸引力群体中将感到更多的不适。同样，那些得分等于或优于群体中大多数人的个体，在高吸引力群体中将产生更多的胜任感。实验者给予四人群体一系列测验，用于测量他们认为重要的某种能力。某个被试在实验者的操纵下得分略低于其他三人，其他人得分处于相等水平。那些处于高吸引力群体而得分低于他人的成员比处于低吸引力群体而得分低于他人的成员，觉得自己测验完成得更差。那些高吸引力群体中得分相等的成员比低吸引力群体中得分相等的成员，感到自己测验完成得更好。因此，实验结果从能力维度支持了该推断。

推断ⅦB：观点或能力与群体关联越紧密，群体成员在该观点或能力上趋于一致的压力也就越大。

在概念上，能力或观点与群体关联性的定义并不完全明确，然而，仍有一些东西可以论述。某观点或能力对群体生活或群体满意度越是必要或重要，群体中评估的需要也就越强。群体之间的区别也就在于此，人们称其为"相关领域"（realm of relevance）。某个男人群体每周五晚聚集打扑克，在一起仅仅是打扑克，那么这个群体很可能只有较窄的"相关领域"，群体可用于比较的能力和观点的范围受到了极大限制。而大学生联谊会的一个成员，因为群体可以满足他各方面的需要，所以他将有更广的"相关领域"。

尽管概念并不清晰，但通过实验设计，研究者仍可能在一个明确的群体中对某个问题操纵出不同的相关性。沙赫特（Schachter，1951）操纵了高相关和低相关两种条件，为了实验目的特别招募了许多讨论集体相关问题的群体，其他被试群体表面上是出于其他原因而招募的，要求讨论某一特定问题。为了保证讨论问题的低关联性，实验者要求他们讨论一件永远不会在群体中发生的事情。沙赫特的发现证实了该推断，相对于低相关条件，在高相关条件下被试存在更强的排斥异己的倾向。

除该实验证据外，我们没有发现其他证明该推断的证据。

我们仅仅单向讨论了一些因素对趋于一致的压力及其三个行为表现的影响。还存在两个因素分别影响趋于一致的压力的行为表现，接下来，我们将讨论这两个因素。

假设Ⅷ：如果一个人和某人的观点或能力相差较大，同时知觉到自己与他在特质上的差异又与该分歧一致，那么，缩小比较范围的倾向会增强。

有证据从能力和观点两个角度支持了这个假设。在之前提及的霍夫曼等人（Hoffman, Festinger, & Lawrence, 1954）的实验中，实验者告知一半的群体，因为智力大约相同，所以选择当中的三人一齐参加一项测验。而告知另一半群体，三人中有一人的智力显著高于其他人。在某种意义上，这种报告使得每个被试不可能都认为自己是智力优秀者。在"均匀"条件下，被试会继续与得分明显高于自己的他人竞争。而在认为有一个智力优越者的条件下，他们与得分较高者的竞争意向显著更少，更倾向于相互竞争。换言之，当告知的差异与现实一致，即有一人明显得高分时，他们则停止与高分者进行比较。

针对该问题的另一证据来自期望水平实验。在费斯廷格（Festinger, 1942）报告的实验中，实验者要求被试（大学生）进行一项智力任务，告知他们得分显著高于另一群体（高中生），测验前他们也认为自己比该群体强，或者告知他们得分显著低于另一群体（研究生），而测验前他们认为自己不如该群体。结果，这些情境并没有影响期望水平，因此，对群体差异的知晓与群体标签一致时，并不会影响他们的评估。在相同的实验中，有趣的是如果所报告的差异与群体标签正好相反，那么不可比性将被破坏，对期望水平的影响会非常大。

观点方面关于假设Ⅷ的证据来自杰勒德（Gerard, 1953）以及费斯廷格和蒂博（Festinger & Thibaut, 1951）报告的实验。

这两个实验都针对群体问题中事件的观点大范围地展开了讨论。实验给其中一半被试群体的印象是群体人员组成非常均匀，给另一半被试群体的印象则是群体由不同类型的人员组成，他们之间在对问题的了解和兴趣上存在较大分歧。两个实验都得到了一致的结果，在相异群体中，成员与那些持不同观点的个人比在均匀条件下交流更少。换言之，事先觉知群体观点有分歧，会促使成员缩小他们的可比较范围。

在这一点上，令人感兴趣的是，观察这两个实验的数据，我们会发现与假设Ⅲ亦有关，即随着观点和能力分歧的增加，自己与他人进行比较的倾向就会减少。不论是杰勒德还是费斯廷格和蒂博的实验，都发现最多的交流是针对那些观点与其他人大相径庭者进行的。之前我们已经解释过交流的减少意味着与他人比较的减少，根据假设Ⅲ，整体趋势应当是更多地与那些观点分歧者进行交流。接下来，我们有必要针对这一点进行解释。

根据假设Ⅲ，我们可以得出比较主要发生在那些与自己接近的人当中，这是肯定的。个人获取的观点支持是由观点相近者提供的，然而，之前曾提及，就观点而言，与分歧者进行比较会威胁自己的观点，因此，个体主要与观点相异者进行交流，但与其仅进行有限的比较。交流意味着一种影响自己的尝试，与极端观点者交流的减少说明这种极端观点对自己的观点不构成威胁，换言之，就是与他们减少比较。就能力而言，我们并不认为可以发现这种针对分歧个体的趋势。能力方面的比较行为几乎完全按照假设Ⅲ论述的简单关系进行。

假设Ⅸ：当群体中存在不同的能力或观点时，与接近群体风格的个体相比，相对偏离群体风格的个体对于一致的压力有三种不同的行为表现。那些接近群体风格的个体改变他人立场的倾向更强，缩减比较范围以及改变自己立场的倾向相对较弱。

费斯廷格等人（Festinger et al.，1952）、霍克鲍姆（Hochbaum，1953）的实验数据在观点方面支持了该假设。在这两个实验中，某群体中的一部分人被告知群体中大部分人都不同意他的观点，而另一部分人则被告知群体中大部分人同意他的观点。两个实验的结果都发现群体偏离者比群体追随者改变自己的观点更明显，群体追随者改变他人观点的意向要明显强于群体偏离者。然而这里没有恰当的有关缩减比较范围倾向的数据，这一点可以通过费斯廷格等人（Festinger et al.，1952）的实验得到证实。该实验发现群体偏离者与持分歧观点的个体的交流比与持接近观点的个体的交流更少。而群体追随者的交流模式我们更为熟悉，即与群体中持极端分歧观点的个体交流最多。

同样，我们可以提出问题：当趋于一致的压力的方向明确时，群体朝一致方向运动的决定因素是什么？压力的强度应当决定了部分一致运动的程度，还有部分一致运动由其他因素所决定。就观点而言，观点改变的阻力以及群体影响成员的能力是另一决定因素（Festinger，1950）。因为对能力而言，群体对成员的影响力相对不重要，所以我们不能得到类似结论。社会过程本身与群体影响力的大小本无关系，不能促使能力朝一致方向运动。群体影响力只能通过改变某能力的价值观和增加动机水平来有效影响群体成员。能力的价值和动机与观点产生的社会过程是一致的。

二、对群体形成和社会结构的启示

自我评估能力和观点的内驱力不仅仅对群体成员的行为有启示作用，还影响着群体构建和改变群体成员的过程。在某种程度上，自我评估可仅仅通过与他人比较的方式而实现，自我评估的内驱力是一种作用于群体成员并促使他们相互交流的力量。某人对观点是否正确的主观感觉及对重要能力表现的主观评估夹杂着人们在与他人交往过程中感受到的满意度。来源于和他人比较的内驱力和满意度的强度大小很难判断，但似乎可以明确的是自我评估的内驱力是一个使人具备社交能力的重要影响因素。

人们因此倾向于加入观点和能力与自己一致或接近的群体，离开那些无法满足自我评估需求的群体。这些加入或者退出群体的行为当然并不是完全流动的状态。当群体吸引力足够大时，人们可能就不会退出该群体，或者各种局限阻碍了退出行为。两种情况都阻碍了个体从某一群体向另外群体的流动。我们将在下一段详尽讨论这些阻碍进出群体的力量。

这些选择加入或离开群体的倾向连同矛盾群体中的影响过程和竞争活动一起促使我们发现了在观点和能力上人与人之间的共性（至少是与群体有关的观点和能力）。然而，不同的群体存在相对的差异，对群体的划分有助于社会保持一个多样观点的环境，适应各种不同能力的人。如果一个社会或城镇还不够大或不够灵活去允许这种分化的产生，那么它就无法允许多样化。

群体间的能力分化也造成了社会地位的不同。似乎明确的一点是，当这种地位区别无法撼动时，那么肯定就不仅仅是高地位成员在维护群体，低地位成员也在维护群体，因为这样可以让他们相对忽视差异而仅与自己群体的成员进行比较。不同社会地位的群体之间的比较，可能有时仅处于幻想水平，极少在现实中发生。

同样重要的一个问题是伴随着群体分化而来的不可比性是不是一个相对完整的事件（complete affair）。在能力上授予地位或者在观点上区分不同类的人，可以显著地减少可比性，但无法完全消除它，后者很可能是一个更为可靠的论述。在某种程度上，人们一定知道那些不可比群体的观点，意味着不可比性并没有达到完美的程度，这一点对弱势群体（minority groups）行为上的差异有着重要影响。如果弱势群体的成员无法达到与其他群体完全不可比的程度，那么他们的自我评估就会少几分把握。由此可知，在弱势群体中，趋于一致的压力要相应地高于优势群体（majority groups）。弱势群体要通过自我本身寻找更强的支持，所以更难忍受群体中出现异样的观点或能力。

相关实验为观点形成提供了证据（Gerard, 1953）。在实验中，弱势群体比优势群体的子群体表现出更强的趋于一致的压力。同样的道理，弱势群体因为某种相关能力趋于一致的压力更强，所以产生了比优势群体更激烈的内部能力竞争。

我们知道，趋于一致的压力更大意味着给群体偏离者贴上"不可比较"标签的倾向更强。因为个体是通过排斥出群体的方式来认定哪些人的观点不可比，所以我们得出一个可能的解释是，弱势群体在优势群体的强大压力下频繁地分化成更小的部分。

三、阻止不可比的后果

主要有两种例外情境可以在相异个体出现的情况下产生社会比较。其中一种例外情境是，当群体吸引力特别大时，尽管成员与群体的观点或能力差异较大，他仍会愿意留在该群体。以该条件为前提，如果他没有其他可供比较的群体，或者群体在观点或能力上相关度很高，那么可比性在很大程度上会被迫发生。个体仍会产生不与他人比较的心理倾向，但也没有比与他人比较更有效的方法可用了。

在群体吸引力仍然很大的情况下，群体对成员的影响力很大，当观点不同时，影响过程随即发生，成员会有效地减少观点上的分歧，也就是成员仍有趋于一致的行动。如果是能力不同，结果又会怎样呢？在这里，群体很可能有效激发成员的能力，但能力本身是不可改变的。如果存在一个价值观和努力与个体表现特别不相符的情境，那么，如果个体不如他人，就会产生深刻的失败感和能力不适感。当然这并不是一种常见的自然情境。

另一种例外情境是个体退出群体受到了阻碍。影响观点形成的理论在之前已进行了清楚的说明,我们在这里将讨论其要义,并将该理论拓展到能力评估方面。个体即便是受到心理或生理的阻碍而不能退出群体,但是如果群体对他的吸引力是零甚至是负数的话,群体也将无法对其产生有效影响。然而如果群体实施对不服从者的威胁或惩罚,在某种意义上,一致性仍会被迫产生。在观点方面,我们认为成员迫于压力将会在公开场合表现出对群体观点的迎合,但是私下并不接受群体观点。例如,某个男孩被迫与他不喜欢的男孩一起玩,这种情况存在威胁,所以他会在公共场合同意其他男孩的意见,而私下仍旧维持自己的否定观点。

在能力方面,情况仍然有一点不同——由于能力不可能短时间发生变化,所以那些阻止偏离的个体退出群体的人,也许会遭受惩罚。如果一个人偏离的方向是高于他人,那么他可以在公开场合而非私下接受群体的评价。如果他偏离的方向是低于他人,那么即便是在公开场合,他跟群体一致也不太可能。如果他根据其他可比较的群体来评估自己的能力,那么,他可能私下保持一个不受现属群体影响的状态。在公共场合,他会尽可能表现得更好,但这不能改变其私下对自己能力的评估。

四、小结

如果以上论述的理论是真理的话,那么社会影响过程和各种竞争行为都是同一个社会心理过程的外在表现,可以视作同一概念水平。它们都源于自我评估的本能,而自我评估的基础在于与他人比较。观点和能力评估过程的差异在于能力存在单向的驱力，而观点没有，另外，改变观点比改变能力要相对容易。

　　该理论暂时得到了许多实验数据的支持，也可以接受进一步的实证研究的检验。该理论的一个优势在于可以反复在观点和能力评估两者间建立假设而进行考察。该理论的部分假设在某些特定条件下更容易得到验证。只要操作定义恰当，适用于观点评估的结论应当也适用于能力评估。

第二节 《强制性服从的认知结果》[1] 选译

如果一个人被迫阐述与他个人意见相反的观点,那么会发生什么呢?詹尼斯和金(Janis & King, 1954, 1956)的两个研究报告清楚地表明,在某些情况下,个人的观点会受强制表现的行为所影响,从而与外显行为更接近。特别是当个体被迫进行即兴演讲,支持他原本不赞成的一个观点时,他的个人主张就会向演讲中所拥护的立场倾斜。针对一个单纯强调演讲的方式和技巧的演讲而言,与只是听这个演讲或者阅读准备好的演讲稿的人相比,亲自做演讲的人改变主张的程度要大得多。詹尼斯和金主要根据心理复述和思考有利于给定立场方向的新证据来解释他们的结果。他们通过以上两种解释途径提出,被迫做即兴演讲的个体说服了自己。此外,他们还给出了一些证据(并没有全部包括在文章中)来支持上述解释。我们将对这一解释做进一步的阐释,以讨论我们的实验结果。

凯尔曼(Kelman, 1953)试图进一步探究这个问题。他认

---

[1] 译自 Festinger, L., & Carlsmith, J. M. (1959). Cognitive consequences of forced compliance. *Journal of Abnormal and Social Psychology*, 58(2), 203-210。这篇论文是费斯廷格关于认知失调理论的代表性论文,由吴云翻译,钟毅平整理并审校。

为可以通过给个体一些奖赏来引导他做出与他个人意见相反的陈述,如果奖赏越大,那么随后出现观点变化的可能性也就越大。然而,他的实验数据没有支持这个想法。相反,他发现,与低报酬相比,高报酬会产生更小程度的主张改变。实际上,凯尔曼的这一发现与我们在下文即将概述的理论是一致的,但出于某些原因,我们没有将这一发现包括在内。凯尔曼的实验数据的主要缺陷之一在于,并不是全部被试都是为了获得报酬而进行与个人主张相反的陈述。另外,就像有人期望的那样:服从实验要求的被试所占的百分比随着报酬数量的增加而增多。

最近,费斯廷格(Festinger,1957)提出一个关于认知失调的理论。认知失调来自被迫遵从命令而导致对自己主张的偏离。鉴于费斯廷格的著作(Festinger,1957,chap.4)已经详细阐述了上述偏离,我们在这里只对动机进行简单的概述。

让我们想象个体持个人观点"X",但由于施加在他身上的压力,他不得不宣称他相信"非X"的观点。

第一,个体具有两种在心理上不能匹配的认知:其中之一是他相信"X"的认知,另一种认知是他宣称相信"非X"。如果除了他的个人主张之外不需要考虑其他因素,那么,至少在我们的文化背景中,如果他相信"X",他就要宣称支持"X"。如果个体不得不宣称相信"非X",那么个体对个人信仰的认知与他实际宣称的认知就会产生失调。

第二,与上述类似,个体宣称"非X"的知识与认知因素一致(匹配),这些认知因素与获得奖赏的动机、压力和承诺以及惩罚的威胁相一致，它们都可以导致个体宣称"非 X"。

第三，在评估失调的总体程度时，个体必须考虑失调和一致。我们把包括某些特定认知的所有失调的总和记作"D"，把一致的总和记作"C"，把失调的总体程度记作"D"除以（D+C）的函数。

让我们来考察个体如何看待当他宣称"非 X"而实际上支持"X"时所产生的失调的总量。在其他因素保持恒定的情况下，随着导致个体宣称"非 X"的压力程度和重要性的增加，失调的总体程度会降低。

因此，如果外显行为是由于付给报酬或者惩罚的威胁而产生的，如果许诺的报酬或惩罚的威胁恰好足以使个体宣称"非X"，此时失调的程度会达到最大。从这点开始，随着许诺的报酬或惩罚的威胁逐渐变大，失调的程度逐渐变小。

第四，减少失调的一种途径是个体改变他的个人主张而和他所宣称的内容一致。当个体被迫或被引导去阐述一些与其个人主张相反的内容时，研究者期望最终能观察到上述主张改变。更进一步来说，由于产生失调的压力是失调程度的函数，当用于激发外显行为的压力刚好足够激发外显行为时，可观察到的主张改变的程度应该是最大的。

设计本实验的目的是用来探讨在实验室控制条件下的偏离。实验中，我们设置不同的奖励金额，作为迫使被试做与他们个人观点相反的陈述的报酬。实验假设（来自上文的第三点和第四点）是，付给被试的报酬越高，随后被试对主张的改变程度越小。

一、实验程序

本实验的被试是斯坦福大学选修心理学导论课的71名男大学生。这门课需要学生完成做几个小时实验被试的任务。被试可以选择一些允许参与的实验,把自己的名字写在公告栏上,公告栏描述了每个实验的情况。大家被告知,这是一个历时两个小时的"行为测量"实验。

在心理学导论课的第一周,教师给被试宣读并解释参加实验的要求,然后,告诉他们心理学系正在进行的一项研究。教师解释说,由于学生需要参与这些实验,为了将来对这些实验进行改善,系里正在进行一项研究,对这些实验进行评估。教师告诉被试,一些学生将在做完实验后接受面谈,并极力要求学生们完全诚实地与面谈者合作。这种安排的重要性在短时间内清楚地显现出来,使我们能在一个情境中测量被试的主张,而不是直接与我们的实验相联系。在这种情况下,我们可以合理地期望被试会坦白和诚实地表达自己的主张。

当被试到达"行为测量"的实验地点时,他需要在秘书办公室等待几分钟。然后,实验者进来,向被试做自我介绍,并与被试一起走进实验室。实验者向被试介绍这个实验:

> 这个实验通常会持续一个多小时,但我们在日程表上安排的是两个小时。这样我们会有一些多余的时间,在这段时

间里，考察心理学导论课实验的人会问能否和我们的一些被试面谈（随便的谈话）。他们在课上宣布这件事情了吗？我猜想他们会与做完这个实验的人面谈。我对这个知道得也不多。无论如何，他们可能想在你做完这个实验之后和你面谈。

实验者没有做更进一步的解释，他给被试呈现第一个任务。这个任务是把12个线轴放进托盘里，然后清空托盘，再用线轴装满托盘，如此进行下去。被试被告知用一只手以自己的速度完成这个任务。这个任务进行了半个小时。然后，实验者拿走托盘和线轴，在被试面前放一块板子，板子上有48个正方形的钉子。被试的任务是把每个钉子按顺时针方向旋转45°，然后再转45°，如此进行下去。被试被告知用一只手以自己的速度完成这个任务。这个任务又进行了半个小时。

当被试在做这些任务的时候，实验者坐在旁边，手里拿着一只不走的表，并忙着在一页纸上做记录。这样做是为了使被试相信实验者真的对被试正在做的事情感兴趣，使被试相信自己正在做的任务以及自己如何进行这些任务就是全部实验的内容。而从我们实验者的角度来看，实验刚刚开始。被试花一个小时所做的这个单调重复的任务是为了让每个被试都有相同的体验，即对这个任务产生负性评价。

在第二个半小时的任务结束后，实验者用明显的动作把不走的表拨回零，放到一边，把椅子推到后面，点起一支香烟，说：

好，那么，我们所有的实验任务都结束了。现在我来给你解释你所做的所有工作,你应该会对为什么做这些任务有自己的想法(实验者停顿)。这个实验是这样的:实际上,这个实验有两个组。一组是你所在的组,我们把你们带进实验室,不给你们任何有关这个实验的解释。也就是说,我们所告诉你的就是你为了做这个任务需要知道的,但是你不知道这个实验的目的是什么,以及它是怎样的一个过程,等等。但是在另一组,我们雇用了一个固定为我们工作的学生助手。我把这个学生助手带到被试等待的屋子(就是你之前等待的那间屋子)里,我向被试介绍助手刚完成这个实验。也就是说,我说"这是某某人,刚完成这个实验",在你开始做实验之前,我让他告诉你一些关于这个实验的事情。和我们一起工作的助手会与下一个被试聊天,聊天的要点是:"我们有一张标有'B组'的纸,上面写着:这个实验任务令人感到非常愉快,我获得了很大的乐趣,我很愉悦,它非常有趣,令人好奇,令人兴奋。我们会把这个给被试看,让被试带着对实验目的的错误解释继续进行下去。"现在,当然,我们让助手去做这件事情,因为如果实验者去做的话,看起来就不真实了。我们感兴趣的是要比较这两组被试在实验中的行为——一组带着对实验的初始期望,另一组就像你,原本就没有任何期望。

到这里为止,所有条件下的被试经历的过程都是一样的。从这里开始,不同条件下的被试出现了某些不同。实验分为三个条件,被试也相应分成三个组:控制组、1美元组和20美元组。

对于控制组，实验者继续说：

你明白了吗？（停顿）我在心理学导论课上告诉你的那个人（看表）说他想几分钟后就到这里来。你介意等一会儿，看看他是否要和你谈话吗？好吧。为什么我们不到另一间屋子里去等呢？（实验者离开被试所在的秘书办公室，4分钟后又返回来，说："好吧，让我们来确认一下他是否要和你谈话。"）

对于1美元组和20美元组，实验者继续说：

对于整个实验如何发生和我们想做什么，你明白了吗？（停顿）现在，我有件意想不到的事情要告诉你。这件事情是（长时间停顿，随后有些困扰和不确定，实验者表现出有点儿尴尬。实验者的助手则完全相反，以对实验毫不犹豫和确信的错误解释继续进行下去。这一点是为了使被试看到实验者是第一次做这种事情，并且他自己也不确定）那个本来应该为我们做这件事情的学生助手今天不能来工作了——他刚打电话来说有点儿事——因此我们正在四处寻找能够帮我们做这件事情的人。你看，我们的另外一个被试正在等待中（看表），他会被分到另一个组。现在，教授——主持这个实验的人——提议给你一个机会帮我们做这件事情。我告诉你我们打算做的事情：如果你现在能帮我们做这件工作，那么你当然知道如何做；如果类似的事情再发生，也就是说，本来要来工作的学生不能来工作了，而我们有被试的日程安排，就能够确切地知道可以打电话给其他合适的人。因此，如果你愿意为我们做这件事情，我们现在就愿意雇用你，如果类似的事情再次发生，以后也会给你打电话。我们会付给你 1 美元（20 美元）作为你现在做这件事情和以后打电话请你做这件事情的报酬。你愿意为我们做这件事情吗？

如果被试犹豫，实验者就这样说："这件事情只需要花几分钟的时间"，"固定为我们工作的学生助手非常可靠，这是他第一次缺席"，或者"如果我们需要你帮忙，我们会提前一天或两天给你打电话；如果你不能来，我们也不会要求你一定来"。在被试同意做这件事情之后，实验者给他前面提到的标有"B组"的纸，让他再读一遍。实验者付给被试1美元（20美元），拿出一张手写的收据表格，让被试在上面签名。然后他说：

就像我刚才所说的那样，下一个被试现在应该已经到了。我想下一个被试是女生。我会把你带到另外一间屋子里，把你介绍给她，说你已经完成了这个实验，让你告诉她一些关于这个实验的事情。我们想让你做的就是：坐下来，开始和她谈话，谈话内容尽量包括刚才纸上所写的所有要点。我把你独自留在那里，过几分钟后我再回来，好吗？

实验者把被试带到他以前等待的秘书办公室，另一个被试（一个女孩）正在那里等待（秘书已经离开了办公室）。他为这个女孩和被试做了介绍，并说被试刚完成了这个实验，将告诉这个女孩关于实验的一些事情。然后实验者离开，并说自己会在几分钟后回来。这个女孩是实验者专门雇用的一个大学生，在被试对这个实验做出积极评价之前都很少说话。当被试对实验做出积极评价后,她表现出很惊讶,告诉被试说,她的一个朋友在一个星期前做了这个实验,告诉她这个实验枯燥乏味,她应该试图避免做这个实验。大多数被试对此的反应是:"噢,不,它真的非常有趣。我相信你会喜欢它。"这个女孩静静地听完,接受并同意被试告诉她的所有事情。被试和这个女孩之间的讨论会记录在一个隐藏的磁带录音机里。

两分钟后,实验者回来,让女孩到实验的房间去,感谢被试与女孩聊天,写下他的电话号码以维持以后会给他打电话的假象,并说:"那么,我们来确认一下心理学导论课的那个人是否要和你谈话?"

从这里开始,三个条件的被试再次经历相同的过程。当实验者和被试出发去面谈者所在的办公室时,实验者说:"非常感谢你为我们所做的任务,我希望你确实喜欢它。我们大多数被试都在实验后告诉我们任务非常有趣。你有机会看到你对任务所做的反应等。"这个简短的说服性谈话在所有条件中都以同样的方式进行。这样做的理由,从理论上讲,是使任何想说服自己认为这些任务确实有趣的人能更加容易地说服自己。

当他们到达面谈者的办公室时,实验者问面谈者是否想和被试谈话,面谈者说"是的",实验者和被试握手并告别,然后离开。面谈者当然完全忽视被试是属于哪个实验条件的。面谈包括四个问题,面谈者会首先鼓励每个被试谈一谈实验,然后在11点量表上对他的主张或反应评级。问题如下:

(1)这些任务是有趣而且让人愉悦的吗?在哪个方面是,在哪个方面不是？请将你的感受在－5和＋5之间进行等级评定，－5表示极端乏味和枯燥，＋5表示极端有趣和令人愉悦，0表示中间，不是有趣也不是无趣。

（2）这个实验是否提供了机会，使你能了解自己从事这些任务的能力？在哪个方面是，在哪个方面不是？请将你的感受在0和10之间进行等级评定，0表示你没有了解任何东西，10表示你了解了很多东西。

（3）从你对这个实验和它所包含任务的了解，你能说出这个实验所测量的任何重要方面吗？也就是说，你认为这个结果有科学价值吗？在哪个方面是，在哪个方面不是？请将你的主张在0和10之间进行等级评定，0表示结果没有足够的价值和重要性，10表示价值非常大、非常重要。

（4）你愿意再参加另外一个类似的实验吗？为什么？请对你愿意参加类似实验的程度在－5和＋5之间进行等级评定，－5表示你确实不喜欢参加，＋5表示你确实喜欢参加，0表示你没有什么感觉。

在面谈的最后，面谈者询问被试这个实验是关于什么的，紧接着，直接问被试他是否怀疑有关这个实验的任何事情，如果是的话，怀疑的是什么。面谈结束后，面谈者将被试带回实验的房间，实验者和那个女孩在那里一起等待被试（对于控制组，那个女孩就不在了）。他们会给被试详细解释实验的真正目的，根据实验的真正目的详细解释每一步的原因。他们会询问1美元组和20美元组的所有被试，听完解释之后，愿意退还的钱数是多少。

无一例外，所有被试都十分愿意把钱退回去。

参加实验的71名被试中有11名被试的数据被剔除，原因如下：

（1）5名被试（3名1美元组的被试和2名20美元组的被试）在面谈中说，他们对实验者通过付酬的方式让自己告诉那个女孩实验有趣表示怀疑，怀疑这是不是实验的真正目的。

（2）2名被试（都是1美元组）告诉那个女孩他们是被雇用的，实验真的很乏味，但是实验者希望他们说实验很有趣。

（3）3名被试（1名1美元组的被试和2名20美元组的被试）拒绝拿钱和被雇用。

（4）1名被试（1美元组）在和那个女孩谈话之后立即要了她的电话，说他会打电话给她解释所有的事情，也告诉实验者他想等那个女孩结束实验后告诉她所有的事情。

这11名被试完成了全部的实验流程，事后实验者也会向他们解释实验，但他们的数据没有被包括在统计分析之内。

实验设计小结：可用于数据分析的被试有60名，每个实验条件下有20名被试。让我们再简要地回顾一下：（1）控制组。这些被试得到统一的礼貌对待，实验者不询问他们，他们也不用告诉等待的女孩实验是令人愉悦而且很有趣的。（2）1美元组。通过付给被试1美元，实验者让他们告诉一个等待的被试实际上相当枯燥乏味的任务是有趣的、令人愉悦的和充满乐趣的。（3）20美元组。这些被试得到20美元，做与1美元组同样的事情。

二、实验结果

实验的主要结果见表3-1,共列出了三个实验条件,分别是被试在面谈中对每个问题所做评价的平均等级。我们将分别讨论面谈中的每个问题,因为它们可以用来测量不同的方面。在我们继续分析数据之前需要说明的是,在所有的比较中,控制组作为基线,用来衡量其他两个条件的结果。控制组的结果给我们展现了被试对实验的反应,以及当错误解释实验且没有进行有关失调的实验指导时被试的主张。另外两个条件的数据从与基线条件的比较中可以看出变化。

表3-1　每个条件下被试对面谈问题所做评价的平均等级

面谈问题	实验条件		
	控制组 ($N=20$)	1美元组 ($N=20$)	20美元组 ($N=20$)
对任务的喜欢程度(从−5到+5)	−0.45	+1.35	−0.05
被试了解多少(从0到10)	3.08	2.80	3.15
科学价值(从0到10)	5.60	6.45	5.18
被试愿意参与类似实验的程度(从−5到+5)	−0.62	+1.20	−0.25

（一）对任务的喜欢程度

表3-1中的第一行呈现了这个问题的平均等级，这是本实验最重要的结果，这些结果与本实验所产生的特定失调有直接相关。我们有目的地安排相当枯燥和单调的实验任务。而且，实际上也确实如此，控制组的平均等级是－0.45，处在中点的负向一边。

然而，在其他两个条件下，被试要告诉别人这些任务有趣而且令人愉快。当然，被试的失调更直接地由"劝说自己接受这些任务确实有趣和令人愉快"的看法所造成。在1美元组，由于失调的程度高，减少失调的压力也大。在这个条件下，这个问题的平均等级是＋1.35，处在相当正向的位置，和控制组相比在0.02水平上有显著差异（$t=2.48$）。

在20美元组，由于一致关系更加很重要，由实验所产生的失调比较少，相应地，失调减少的表现也少。这个条件的平均等级只是－0.05，只比控制组高一点儿而且没有达到显著差异。1美元组和20美元组的差异在0.03水平上显著（$t=2.22$）。简言之，当实验者付给被试报酬，让他说一些与个人主张相反的话时，被试倾向于改变主张以便和自己所说的话更趋于一致。所给的报酬越高（超出能激发行为的基线），上述效应越小。

（二）参与类似实验的意愿

这个问题的结果见表3-1的最后一行。这个问题与实验所产生的被试的失调并没有特别直接的相关。当然，被试越觉得任务有趣且令人愉悦，他们期望参加类似实验的愿望越强烈，但是其他因素也会影响这个结果。因此，我们希望这个问题的结果与"对任务的喜欢程度"这个问题的结果相似但要弱一些。实际上，从表中我们可以看到，这个问题的结果与第一个问题的结果确实是在相同方向，平均差异的程度和第一个问题一样大。然而，变化虽然更大，差异仍未达到高水平的统计显著。1美元组（+1.20）和控制组（-0.62）之间的差异在0.08水平上显著（$t=1.78$）。1美元组和20美元组（-0.25）只在0.15水平上达到了显著（$t=1.46$）。

（三）实验的科学价值

本实验考察这个问题是因为其结果有可能会出现一些差异。毕竟，实验中所产生的失调减少还存在其他渠道。比如，一种渠道是被试夸大了所得报酬的价值。然而，在这个实验中，上述情况很难发生，本实验用钱作为报酬，很难让被试相信1美元要比它的实际价值高。然而，还存在另外一种途径。除了被付给金钱之外，被试还有一个特别好的理由对等待的女孩说所要求说的话，即被试被告知这是实验所必须做的，最终的失调通过认知重要性的夸大而减少。被试越认为这个实验的科学价值高，失调的总体程度就越小。显示在表3-1第三行的这个问题的结果有可能反映了失调的减少。

结果与我们所预期的失调以这种方式出现某种程度的减少有些许的一致。从表3-1中可以看到，1美元组要比其他两组高。1

美元组和20美元组的差异在双侧 t 检验上的0.08水平显著（$t=1.79$）。1美元组和控制组之间的差异根本没有显现出来（$t=1.21$）。20美元组比控制组低，这毫无疑问是个偶然结果（$t=0.58$）。

（四）从实验中了解了多少

这个问题的结果见表3-1中的第二行。之所以把这个问题包括在内，是因为迄今为止我们看到，这个问题不能对实验所产生的失调发生影响，不能减少失调。我们希望三个条件之间都没有差异。效应并不是普遍的，而要针对产生失调的具体内容，这一点是很重要的。从表3-1很容易看出来，条件之间只存在微不足道的差异，所有差异中最高的 t 值是0.48。

三、一种可能解释的讨论

我们在前面提到了詹尼斯和金（Janis & King，1954，1956）的研究，在解释他们的结果时，根据心理复述的自我说服提出了一种解释，并通过有关即兴演讲的人的研究思考新证据。在前面提到的一个研究中，凯尔曼（Kelman，1953）也以相同的解释阐释这个不可思议的发现：在适当报酬条件下，服从命令的被试要比在高报酬条件下的被试更多地改变自己的主张。如果我们的实验结果是认知失调理论的强大证据，那么这种可能的解释需要被提出来。

出于某些原因，应用在我们的结果中的这种解释要保留，1美元组的被试在告诉等待的女孩这些任务有趣和令人愉悦时更加努力。也就是说，1美元组的被试在心理上对这件事情进行更多的复述，思考更多种讲述任务的方式，讲述的时候更确信，等等。当然，这些是不是事实，还不能立即显现出来。我们希望：由于得到了更多的报酬，20美元组的被试应该比1美元组的被试做得更好。但实际上，1美元组的被试有更多即兴的部分。

出于探讨这种可能解释的期望，我们记录了每个被试与那个女孩之间的谈话。磁带上的话被转录并由两个独立的评定者在五个维度上进行评定。评定当然忽略了每个被试所处的条件。评定的可信性，也就是两个独立评定者之间的相关是从0.61到0.88，平均信度是0.71。五个评定维度及标准如下。

（1）在女孩提到她的朋友告诉她实验很乏味之前，被试所说的内容。被试对于任务的正性陈述越强，叙述任务有趣和令人愉悦的方式越多，评定等级就越高。

（2）在女孩做出上述评论之后，被试所说的内容。评定方式和前面一致。

（3）被试所说的全部内容。评定方式和前面一致。

（4）对被试如何说服和确信的评定是把他说的内容和说的方式作为评定内容。

（5）对讨论中总时间的评定要有被试花费在讨论上的时间和转入无关事情的时间的对比。

两个独立评定者对1美元组和20美元组被试的平均评定等

级,请见表3-2。从表3-2中可以清晰地看出,在所有项目中,20美元组都要稍高一些。然而,两组之间的差异很小,只是在总时间的评级上两组存在的差异接近显著。我们可以得出结论:1美元组既没有投入,也没有表现得更加确信。这样,上文所讨论的解释不能用来说明这些结果。

表3-2 对被试与女孩之间讨论内容的平均评定等级

维度等级评定	条件		t 值
	1美元组	20美元组	
女孩说话之前的内容(从0到5)	2.26	2.62	1.08
女孩说话之后的内容(从0到5)	1.63	1.75	0.11
全部内容(从0到5)	1.89	2.19	1.08
说服和确定性(从0到10)	4.79	5.50	0.99
在主题上花费的时间(从0到10)	6.74	8.19	1.80

四、小结

最近,费斯廷格(Festinger,1957)已经提出了认知失调理论。本研究对这个理论的两个推论进行了检验:

(1)如果个体被引导去做或者说与他的个人主张相反的事情,个体会倾向于改变他的主张,从而和他已经做或者说的事情保持一致。

(2)产生外显行为的压力越大(在激发外显行为的最小需要值之上),上述倾向越弱。

我们设计了实验室实验来验证这两个推论。先让被试产生一种乏味的体验,然后付给他们报酬,让他们向另外一个人讲述这个实验是有趣和令人愉悦的。付给被试的钱的数量是变化的。最后,我们测定被试关于这个体验的个人主张。

结果非常好地证实了我们希望验证的理论。

第四章 费斯廷格名著解读

　　本章将对费斯廷格在社会心理学领域的两部重要著作《认知失调理论》和《冲突、决策和失调》进行解读，着重阐释其认知比较理论和认知失调理论的核心观点、经典实验、应用案例等，旨在向读者深入浅出地描绘这两个理论。

第一节　《认知失调理论》解读

费斯廷格在1951年开始探索认知失调（cognitive dissonance）的相关概念和理论，其相关实证研究被罗杰·霍克（Roger R. Hock）评论为"改变心理学的40项研究之一"。认知失调理论在西方心理学特别是西方社会心理学中产生了广泛而深刻的影响。多年来，认知失调理论激发了众多实验研究，为实验工作者提供了一个可供参照的理论构架。扎伊翁茨（Zajonc，1968）高度评价了认知失调理论对于实验研究的贡献："在社会心理学中，没有什么理论比认知失调理论激发了更多的研究。这个领域的论文构成了社会心理学出版物中的正式范畴。它们探讨的课题和问题远远超出了社会心理学的界限，从延缓奖赏和间歇性强化效应到迷信行为。如果说在这十年内存在着一种引起社会心理学家想象力的理论系统的话，那么，毫无疑问，费斯廷格的认知失调理论就是这样一种理论系统。"

一、名著简介

《认知失调理论》（*A Theory of Cognitive Dissonance*）一

书于1957年由斯坦福大学出版社出版。这本著作的问世，是基于这样的背景：福特基金会行为科学分会主任邀请费斯廷格对"沟通和社会影响"这一领域进行系统的整理，并在理论上做出概括和阐述。于是，费斯廷格选择了流言的散布作为切入点。在对流言散布的资料进行分析时，费斯廷格发现，灾难性的流言不是"产生焦虑"的，而是"证实焦虑"的，提供了人们可以害怕的东西。以分析地震后产生流言的资料为出发点，费斯廷格提出了认知失调的概念和减少认知失调的假设，并对此加以充实和扩展，包括大众媒体效应、人际沟通和态度改变等类似现象，进而形成了认知失调理论。

此书的中译本由我国著名学者郑全全教授翻译，于1999年由浙江教育出版社出版发行。

（一）主要框架

整部著作除前言外，共有十一章：第一章为引言，主要讲述失调的基本概念和假设；第二章从理论上介绍做出决定后必然产生失调的结果以及影响失调程度的因素；第三章通过回顾不同的研究，论述做出决定后所发生失调的效应以及引起失调效应变化的变量；第四章主要从理论上阐述强迫服从的效应；第五章通过五个实证研究来分析强迫服从的效应；第六章重点讨论个体主动追求信息的原因和条件，详细说明认知失调理论对这类行为的意义；第七章从实证的角度分析个体主动追求信息的原因和条件，进一步说明认知失调理论对这类行为的意义；第八章主要阐述认知失调理论对社会过程的意义,以及社会支持在减少失调过程中所起的作用;第九、十章从实证的角度分析社会沟通和影响过程在产生和减少失调过程中所起的作用;第十一章是全书的总结以及进一步思考的建议。

(二) 各章内容介绍

1. 引言(第一章)

该部分首先定义什么是失调,即"认知之间存在着不适合的关系,这本身就是一种激励因素"。其次,讨论元素及成对元素之间存在的无关、失调和协调三类关系。最后,重点阐述失调以及如何减少失调。在本章结尾,作者对于认知失调理论有三点总结:第一,认知元素之间可能存在着失调或"不适合"的关系;第二,失调的存在产生了减少失调和避免增加失调的压力;第三,在这些压力下,操作上的表现包括行为改变、认知改变以及慎重地接触新信息和新认知。

2. 决定的结果:理论(第二章)

该章首先指出,失调几乎是一种决定的必然结果;接下来论述决定后失调的程度以及影响因素,如决定的重要性、未选中备选物的相对吸引力、决定所涉及备选物的认知重叠程度;最后讨论减少决定后失调的三种主要方法,即改变或撤销决定、改变决定中涉及的备选物的吸引力、在该选择所涉及的备选物中建立认知重叠。

3. 决定的结果:资料(第三章)

该章通过实证研究的资料进一步分析讨论第二章所涉及的理

论假设,即通过实际情境证实认知失调理论所预期的人们在做出决定前后行为的差别。涉及的研究包括:关于读者阅读广告情况的研究,决策信心的实验研究,备选物吸引力改变的实验,改变决定的难度研究,决定对于将来行动影响的研究。上述研究都表明:第一,决定后,人们主动追求同所采取的行动在认知上相协调的信息。第二,决定后,人们增加了对于决定的信心,或者增加了备选物在吸引力方面的差异。这两种情况可以同时发生,每种情况都反映出失调在成功地减少。第三,成功地减少决定后的失调既表现在改变该决定的困难上,又表现在改变了的认知所具有的对将来行动的意义上。第四,上述列举的效应直接随决定所产生的失调而变化。

4.强迫服从的效应:理论(第四章)

该章主要是从理论上论述公开服从而不伴随内心观点改变这样一种强迫服从的情境。在这样的情境下,人们不可避免地产生失调,如内心的观点同与外在行为相应的认知元素处于失调状态,或者如果所允诺的奖励或惩罚的威胁不能引发公开服从,那么,与奖励或惩罚有关的知识同与外在行为相应的认知元素是失调的。失调的程度将随着所涉及观点的重要性和奖励或惩罚的重要性的变化而变化。减少失调的办法:第一,改变内心的观点,使之与外在行为相协调;第二,增强奖励或惩罚的程度,从而增加与外在服从行为的协调程度。

5.强迫服从的效应:资料(第五章)

该章是在第四章理论建构的基础上进行实证分析。五个研究的数据都满足第四章所提到的基本条件，即如果个体被引发强迫服从，那么他会产生失调，并且这种失调可因改变内心的观点而减少。这五个研究都表明：第一，伴随着公开服从，个体常常产生内心观点的改变，这并不是情境中的变量能够解释的（不包括失调）；第二，观点改变的程度反映了减少压力的程度，从这一点上说，实验资料符合认知失调理论有关问题重要性的假设关系，也符合有关在引发服从行为中所使用奖励程度的假设关系。

6. 主动和被动接触信息：理论（第六章）

该章重点讨论人们主动追求信息的原因和条件，详细说明认知失调理论对这类行为的意义。考察了两个主要问题：一是失调的存在及程度如何影响人们追求新信息或避免新信息；二是当被动地接触到在正常情境下本应避免的信息或宣传时，人们如何做出反应。个体主动接触新信息，是为了追求减少失调的认知或避免增加认知。如果个体被动接触到会增加失调的信息，那么，除了可以减少失调的通常程序外，个体还存在着建立快速的防卫机制的方法，来防止新认知从此牢固地建立起来。

7. 主动和被动接触信息：资料（第七章）

该章在第六章理论建构的基础上，通过实验资料进一步阐述理论含义。涉及的资料主要是有关减少失调过程中的一个方面，即获得同现有认知相协调的新认知，避免同现有认知相失调的新认知。本章重点介绍了费斯廷格设计的一个实验，该实验满足这样的要求：第一，被试处于某个特定情境，他从事了显然会抵制改变的连续行为，然而，这种情境必须清楚地表明改变行为是可能的;第二,实验者操作环境中的事件,让某些人产生同这种行为的认知相协调的认知元素,而让另一些人产生同这种行为的认知相失调的认知元素;第三,在一定的时间内,被试有机会进一步获得有关这种行为的信息。作者设计了一个有两方参加的博弈情境。实验结果清楚地表明,一个人在决定主动接触信息源还是避免信息源时,现有的失调程度与对某些新信息源的期望之间存在一定的关系。

8. 社会支持的作用:理论(第八章)

该章从理论上阐述社会支持在减少失调过程中所起的作用。社会群体是个体失调的主要来源,也是消除和减少可能存在的失调的主要来源。当群体成员之间在某些问题或某些观念上发生分歧时,并且这些分歧被群体成员所知觉,失调便出现了。一个观点所涉及的协调关系数目(指所涉及元素的重要性的加权总和)、失调所涉及的认知元素的重要性、持不同意见的个体或所在群体的吸引力、分歧的意见本身等都会影响失调的程度。实际上两个认知元素群组之间具有失调关系的数目越多,整个失调程度就越大。三个过程可以减少失调,即改变一个人的认知,试图影响他人,以及把不可比较性归于他人。

如果两个认知元素群组之间存在着明显的失调,那么,个体会对其他人进行沟通和施加影响,以此来减少失调。个体也常常会努力获得社会支持,以减少失调。广泛散布流言现象的出现,是由于人们具有相同的失调。否认现实、皈依信仰的活动也是个体减少失调压力的表现。总之,社会沟通和影响过程与产生和减少失调的过程有着非常密切的联系。

9. 社会支持的作用：关于影响过程的资料（第九章）

该章通过研究实例，说明社会沟通和影响过程在产生和减少失调过程中所起的作用。涉及两个方面：第一，在进行社会沟通时，人们改变观点的现象具有减少失调的性质；第二，失调的存在导致了人们实施或修正影响过程和沟通过程。

10. 社会支持的作用：关于民众现象的资料（第十章）

该章仍然通过研究实例，说明社会沟通和影响过程在产生和减少失调过程中所起的作用。主要涉及三个方面：第一，通过流言减少失调；第二，维持无效的信念；第三，民众的皈依信仰。

11. 概要及进一步建议（第十一章）

该章对定义、假设等进行了简要的归纳和总结。

认知元素之间的关系：

（1）成对元素之间的关系有三种，即无关、失调和协调。

（2）如果两个元素彼此没有联系，那么，这两个元素之间无关。

（3）在单独考虑两个元素的情况下，如果一个元素紧跟着另一个元素的反面，那么，这两个元素处于失调关系之中。

（4）在单独考虑两个元素的情况下，如果一个元素紧跟着另一个元素，那么，这两个元素处于协调关系之中。

失调存在的情境：

（1）在两个或更多的备选物之间做出选择之后，人们几乎总存在着失调。

（2）在奖励或惩罚引发出与内心观点有差异的外在行为后，人们几乎总存在着失调。

（3）在被迫或偶然接触新信息之后，人们会产生同已有认知相失调的认知。

（4）群体中公开表达的分歧意见，会导致成员产生失调。

（5）当一个事件发生，这个事件具有足够大的强制力以至所有人产生了一致的反应时，一大批人会产生相同的失调。

关于失调或协调的程度的两个假设：

（1）两个认知元素之间存在的失调或协调的程度，是这两个认知元素重要性的直接函数。

（2）两个认知群组之间存在的失调程度，是处于失调状态的两个认知群组之间所有关系的加权比例的函数，每种失调或协调关系都按照该关系中所涉及的元素的重要性而加权。

认知失调理论的核心假设：

（1）失调的存在会产生减少失调的压力。

（2）减少失调的压力的大小，是已有失调程度的一个函数。

可以减少失调的三个主要方法：

（1）改变失调关系所涉及的一个或更多个元素。

（2）增加与早已存在的认知相协调的新的认知元素。

（3）减少失调关系所涉及的元素的重要性。

该章的余下部分包括一系列观点，涉及认知失调理论的衍生意义等。

二、导读

《认知失调理论》最大的价值在于告诉读者如何进行理论建构,并且通过实证研究的资料来验证自己的理论观点和假设。这部著作不仅较好地对认知失调理论的基本概念、假设进行了简要的归纳和总结,而且还将该理论中的许多观点通过不同的实证研究进行了系统、严谨的检验。我们觉得,最能让读者受益的是书中所使用的逻辑推理方法,从现象开始,最后又回归现象。这种推理方法为早期的社会心理学研究提供了可供参考的思想框架,这部著作为人们提供了理论建构与实证研究紧密结合的写作范式。那么,读者应如何读懂这部著作呢?

(一)读者应具有的基础知识

这部著作是全面介绍认知失调理论的经典著作,而认知失调理论又是社会心理学领域一致性理论中影响最大的、最负盛名的理论,具有较强的学科专业性。因此,在阅读这部著作之前,读者还需具有一定的专业基础知识。

首先,读者需了解认知心理学的基本假设与研究方法,这是因为费斯廷格的认知失调理论属于认知取向的理论范畴。社会心理学的研究越来越多地采用认知取向的研究思路,甚至有些社会心理学家认为认知理论已在该学科领域中占有主导地位。正如郑全全教授在《认知失调理论》的中文版译序中所指出的,社会心理学家之所以采用认知取向，原因在于：一是它为描述社会刺激和社会诱因提供了手段和技术。从分析社会行为的意义上说，人们认为社会刺激和社会诱因的客观属性略逊于对这些属性的主观感受。社会刺激的客观属性与知觉这些社会刺激的方式之间缺乏系统依存性，这一事实使得社会心理学家把注意力集中于社会刺激和社会诱因的认知表征上，而不是集中于社会刺激和社会诱因本身所具有的客观属性。二是认知理论具有解释的功能。现在，社会心理学家普遍认为，认知之间是相互作用的，如认知冲突、认知不确定和认知不一致，这种相互作用具有一种动机力量的性质，引发了行为，指导着行为。

其次，读者还需了解社会心理学中与一致性理论有关的观点和思想。一致性理论有一个普遍的观点，即不一致的认知产生了不愉快的心理状态，这种心理状态引发了要获得一致的行为（一种心理愉快状态）。认知之间的不一致关系指的是认知不平衡、不对称、不和谐和失调。同样，不一致关系产生了紧张，引起了朝向一致和对称的张力、朝向和谐或心理协调的压力。一致性理论代表了一种总的认知取向，即把态度、期望、知识、信念等作为解释行为的基本因素（费斯廷格，1957/1999）。了解一致性理论的基本思想和观点对于读者深入地理解这部著作的价值和精髓将会有极大的帮助，当然，读者也会有更大的收获和启发。

（二）读者应充分考虑作者的写作背景

关于写作背景，费斯廷格在前言中有详细的交代。1951年深秋，福特基金会行为科学分会主任伯纳德·贝雷尔森（Bernard Berelson）主动联系费斯廷格，问其是否有兴趣对"沟通和社会影响"这一领域提出"命题目录清单"。主要原因是"沟通和社会影响"领域已累积了大量研究文献，但还没有在理论水平上加以综合。如果有人能提出一组概念命题，把该领域许多已知事实综合起来，并能产生附加的衍生意义，那么，这项工作就会具有明显的价值。

费斯廷格认为，尝试进行理论综合，具有智力上的吸引力和挑战性。当然他也很清楚，即使成功地完成了这个任务，也不可能期望这种理论综合能涵盖该领域的全貌。因此，他考虑的工作思路应该是从"沟通和社会影响"总领域中一个比较狭义的问题着手，努力阐述能充分解释资料的一组具体的假设或命题。如果这种方式有效，那么，再考虑另一狭义的问题，同时，对理论加以扩展和修改。经过筛选，费斯廷格首先选择流言的散布作为要研究的狭义问题，并着手工作。

通过汇集有关流言散布的研究文献从而形成一个完整的目录，阅读文献，以及从假定和推测中筛选事实，这些日常工作相对来说比较容易。而综合这些文献，获得某些理论上的预感，并非易事。最后，费斯廷格提出了失调这个概念和减少失调的假设。一旦用失调和减少失调来进行阐述，其丰富的含义就十分清楚了。对这些含义的穷追不舍，迅即成了该项目的主要活动。

费斯廷格并没有局限在现有研究文献中寻找相关资料，而是进行了自己的研究，用以检验该理论的衍生意义。他认为，这样做，对于认知失调理论的发展是有意义的。

（三）读者应认真体会作者的写作思路

在整部著作中，费斯廷格的写作思路非常具有逻辑性。在阐述某些观点时，他首先会引经据典，罗列各种观点和假设，然后用通俗的语句对其进行提问。在介绍实证研究资料时，他首先介绍该实验要解决什么问题，然后说明如何解决。我们把费斯廷格的写作思路概括为：提出问题—理论建构—实证资料—小结。读者应认真体会作者的这种写作思路。

三、评价

关于认知失调理论已经有太多的评价了，正如郑全全教授所说，在所有一致性理论中，认知失调理论最负盛名，但同时也最不受欢迎。人们曾对它检验、怀疑、应用、修改、诽谤、接受、拒绝。认知失调理论引发如此众多的研究，足以证明它的重要地位。

在这里，笔者不再对认知失调理论进行评价和总结，仅仅对《认知失调理论》这部著作进行简单的小结。《认知失调理论》的主要特色在于以下几点。

第一，理论建构与实证分析紧密结合。整部著作共有五章进行理论建构，分别涉及认知失调理论的核心、决定的结果、强迫服从的效应、主动和被动接触信息、社会支持的作用。除关于认知失调理论的核心假设没有对应的一章进行实证分析外，其余各个主题都有相应的实证资料，关于社会支持的作用有两章用来总结分析实证资料。当然，关于认知失调理论的核心假设没有安排相应的实证资料，倒是非常容易理解的，因为全书都是为第一章，即认知失调理论服务的。这种理论建构与实证分析的相合，应该说达到了环环相扣的紧密程度。

第二，核心假设与关键概念反复呈现。全书紧紧围绕认知失调理论的核心假设与关键概念进行阐述与展开。第一章全面呈现认知失调理论的核心假设，最后一章归纳总结该理论的核心假设与关键概念，其他各章也反复分析、验证这些概念和假设。为了宣传推广认知失调理论，作者可谓是煞费苦心。

第三，写作思路简单清楚。作者的写作思路与研究思路非常简单，同时也非常清楚，即对认知失调理论全面系统地介绍和验证。所以作者提出问题、寻找资料，都是为了这样的主题和宗旨，这对心理学专著的写作很有启发意义，读者可以细细体会。

第二节 《冲突、决策和失调》解读

费斯廷格对于"人类是如何进行决策的?"这一问题十分感兴趣,并发现这个看起来似乎简单的问题,却备受许多心理学家和哲学家的关注。他认为如果一个人能自由选择其所期望的行为,那么显然他具有了自由的意志,哲学家们的理论或思想将不再具有指导性。为什么有时候我们很容易在众多选择中做出决策,而在其他时候却感到难以抉择?费斯廷格指出人们之所以很难做出决策,原因在于很难预测选择后的结果。雷斯特勒(Restle,1961)曾对"决策困难"做了相应的总结,他认为如果在决策前几个选项都是决策者喜欢或不喜欢的,那么决策将非常简单。而问题就于各个选项要么都是个体所偏爱的,要么都是个体所无法回避的,这就使得决策过程非常复杂,引起了决策者强烈的内心冲突,以及决策后在认知上的失调等心理现象。大部分有关决策的理论并不是在心理学研究中提出来的,而是在数学经济学、统计学和决策论等学科研究中提出来的。这些理论主要致力于为决策者在进行复杂或风险决策时提供好的建议,以帮助其做出更加理智、更具优势的决策。由此,我们发现有关决策的研究开始转移到研究如何满足决策者的期望,而在解决这个问题之前，我们必须知道如何测量决策者的期望。虽然这个问题非常值得研究，但它与如何做决策没有关系。决策中的心理学问题到底应该研究什么呢？为了能够更好地揭示心理学中决策的具体过程，费斯廷格及其团队经过大量理论和实证研究之后，给出了自己的答案，即决策越困难，或决策前的冲突越大，那么决策后的失调将会越大，减少失调的趋向也会越强烈；而且，经过整理和归纳之后，费斯廷格与人合作撰写了《冲突、决策和失调》（*Conflict, Decision and Dissonance*, Stanford University Press，1964）。

这部著作围绕决策这一核心认知过程，在总结前人的理论和实证研究后，又添加了许多新的实验证据。它充分结合了认知加工的一些理论和观点来揭示决策前的冲突和决策后的失调是如何表现的，阐述了两者之间存在的关联，并探讨了两者对决策的影响。

一、名著简介

（一）主要框架

整部著作分为七章。第一章为前言，主要讲述有关决策研究中的一些经典理论和观点，探讨其中存在的疑问和研究空白，重点介绍作者的核心观点和理论。第二章到第六章为实验报告，主要报告了十个基础实验研究。具体来看，第二章的两个实验主要阐述冲突和失调的区别，第三章的两个实验主要分析决策后过程的开始和速度，第四章的两个实验重点分析个体在决策前和决策后是如何收集信息的，第五章的两个实验重点介绍决策后过程的认知特点，第六章的两个实验则分析决策前的认知过程。第七章为总结和问题，主要是对决策前的冲突和决策后的失调的有关理论和观点进行总结和阐述，同时将现有研究还未解决的问题进行初步论述，提出相应的研究方向和展望。

（二）各章内容介绍

1. 前言（第一章）

该部分主要介绍有关决策研究的已有基础和背景，以及还未解决的问题和空白之处，为著作中相关理论和观点的提出做铺垫。费斯廷格在总结前人相关研究的基础上，就决策问题提出了三个疑问：在决策前，决策者会如何表现？在决策后，决策者会有什么反应？决策前和决策后的表现有什么关系？费斯廷格认为决策前的过程常被看作个体经历冲突的过程。大部分理论研究都认为决策情境就是人们在经历冲突时必须做出选择的情境，因此冲突是决策必备的一个特点。由此，费斯廷格认为十分必要去研究人们在决策前心里在想什么，决策时要做些什么才能确保决策的完成，或者期望决策达到什么目的。同时，费斯廷格认为现有研究很少关注人们在决策后的认知和行为变化。他根据自己提出的认知失调理论假设：决策一旦完成，决策者失调的现象可能就会马上出现。因此，他认为决策过程可以分为三个部分，即冲突（决策前）、决策、失调（决策后）。整部著作也应该按照这三个部分来建构框架,并由此主要探讨三个问题,即决策前的认知特点、决策后的认知特点和决策前后的联系。

2. 冲突和失调的差异(第二章)

为了更好地解决在前言中提出的三个问题,费斯廷格在第二章中认为首先必须解决的问题应该是:决策后的认知过程从本质上是否与决策前的认知过程不同?这个问题若是能被解答,那将有助于对决策的本质进行连贯性的解释。

(1)第一个实验:决策前和决策后的认知行为。费斯廷格首先介绍了戴维森和凯斯勒(Davidson & Kiesler)关于决策前和决策后的认知行为的实验。该实验较好地反映了决策前后的行为差异。实验目的主要是检验詹尼斯于1959年提出的理论假设:决策前后的认知行为无显著差异,系统性再评估在决策前后都会发生。而戴维森和凯斯勒却认为决策前后的认知行为是有显著差异的,主要表现在是否会对选项进行系统性再评估。在实验中,84名被试被要求从两名候选人中选择一个来担任某个职位,其中一半被试在做出决策前只有很短的时间用来考虑候选人的信息,另一半被试则有充分的考虑时间。同时,每种条件下实验者都要测量被试对两名候选人是否会进行再评估,其中一半被试在做决策之前接受测量,另一半被试在做决策之后接受测量。结果显示,决策前被试几乎没有对选项进行系统性再评估,而决策后系统性再评估发生了。实验结果支持了戴维森和凯斯勒的理论假设,即决策前和决策后的认知过程是存在差异的,且这种差异会随决策前提供时间的不同而变化。

（2）第二个实验：冲突和失调的认知作用。费斯廷格认为戴维森和凯斯勒的实验并没有很好地解决"决策前后的认知再评估过程是否不同"这一问题。在长时间的条件下，被试在做决策之前可以充分考虑信息，因此并不是处于一种"冲突—决策"的条件下。被试没有经历冲突，因此就不会出现认知上的系统性再评估以减弱冲突。费斯廷格指出，要想达到检验实验假设的目的，则必须通过操作达到四个理论条件，即决策前较强的冲突和决策后较高的失调、决策前较强的冲突和决策后较低的失调、决策前较弱的冲突和决策后较高的失调、决策前较弱的冲突和决策后较低的失调。

杰克尔（Jecker）等人有关冲突和失调的认知作用的实验满足了这四个条件。根据冲突理论和认知失调理论可知，当选项的吸引力越相近时，个体决策前的冲突就越大，且决策后的失调也会越大。因此，个体要么解决决策前的冲突，要么减少决策后的失调。但是，要如何设计一个任务使得个体既能有效区分决策前的冲突程度，又不会影响决策后的失调程度呢？杰克尔等人发现：冲突理论认为个体在高冲突情境下更关注选项的系统性再评估，而不考虑接受一个还是两个选项；认知失调理论则认为个体在只接受一个选项的情境下，才会更关注选项的系统性评估，而不关注决策中涉及的冲突程度。由此，杰克尔等人告诉参与实验的被试，他们每人将会得到 1 盒录音带作为礼物，后发现录音带还剩余一些，因此有些被试有可能多获得 1 盒录音带。在正式实验前，实验者让被试评价 15 盒备选录音带的喜爱程度。然后，给每个被试选取 2 盒喜爱度差不多的录音带作为礼物的备选项。这样,被试至少能获得 1 盒录音带,有一定概率获得 2 盒录音带。实验者拿出一个大纸箱,告诉被试这个纸箱内有 19 张纸片上写了"1",1 张纸片上写了"2",或者有 19 张纸片上写了"2",1 张纸片上写了"1"。在决策前,如果被试被告知只能获得 1 盒录音带,他会如何选择?这样,高冲突情境就被操作为:录音带只有一小部分,被试只有 1/20 的概率可能获得 2 盒录音带。低冲突情境就被操作为:录音带还有许多,被试有 19/20 的概率可能获得 2 盒录音带。在被试选择的过程中,有一半的被试被固定安排为只能获得 1 盒录音带,这称为"失调组",而另一半的被试被固定安排为能获得 2 盒录音带,这称为"无失调组"。最后再让被试对这些备选的录音带进行喜爱度的评分。因变量为前后两次评分的平均差。结果发现,"失调组"的被试在两种冲突条件下的再评估发现了显著的变化,而"无失调组"的被试在两种冲突条件下的再评估没有显著的变化。这表明若是决策后没有失调现象产生,那么决策前的冲突无论有多大,被试的系统性再评估都不会发生。而且,当决策后的失调发生时,系统性再评估只会出现在决策之后,这是为了减少认知上的失调,而不是为了解决决策前的冲突。然而,有人认为系统性再评估的出现可能仅仅是选项冲突太大造成的,与决策后是否存在失调无显著关联。故此,杰克尔等人又额外设计了一个实验,在被试决策前就明确告诉他们将会获得 1 盒还是 2 盒录音带,并设计两个选项的冲突程度为三个水平:高冲突、低冲突和正常。

结果发现，在高冲突条件下被试并没有发生系统性再评估。这说明系统性再评估不是因为冲突而发生的，故此不会发生在决策之前，而是因为失调的存在而发生在决策之后。

（3）小结。费斯廷格认为这两个实验都表明个体为了减少决策后的失调，对决策中的选项进行了再评估，从而支持自己的选择。虽然两个实验对涉及的相关理论的解释有点儿模棱两可，但两者结合后都十分明确地解释了提出的问题。这说明决策前对选项有更多的思考，或者冲突越大，会影响决策后失调的减少。另外，我们可以推测：若个体决策前对选项思考得越多，那么个体失调的减少就会越快或越有效。

3. 决策后过程的开始和速度（第三章）

第二章看似很清楚地证明了系统性再评估不会发生在决策之前，即如果个体不清楚自己只能获得1盒还是2盒录音带，那么失调减少的现象在决策后也不会发生。然而，这个结果暴露了认知失调理论中一个很严重的问题。该理论假设决策会引起失调，并且决策一旦完成，失调减少的过程应该马上就会开始。在这方面，该理论并不是完全正确的。在杰克尔等人的实验中我们发现，决策即使完成，失调减少的现象也并没有立即发生。这说明我们需要更清晰地了解决策的特点，并更好地分析失调减少现象发生的条件。费斯廷格认为杰克尔等人的实验存在两个不足之处：一是实验中的设计并不能让人知道失调减少是在什么阶段开始的，二是决策并没有让被试排除结果的不确定性。因此，费斯廷格认为必须设计新的实验来弥补不足，重新检验系统性再评估是否发生在决策后,并且要清晰地了解失调是什么时候开始的。因此,费斯廷格在第三章介绍了弗农·艾伦(Vernon Allen)所设计的实验,因为他很好地回答了这些问题。

(1)第三个实验:结果的不确定性和决策后的失调减少。弗农·艾伦在该实验中主要是为了检验失调减少的现象不出现是不是因为决策结果的不确定性,或者这种不确定性是否与选项的概率有关。121名女生首先对备选的录音带进行喜爱度的等级评定,然后对喜爱度为3或4或5的录音带进行选择。实验设计为2(结果的确定性:高确定性 vs 低确定性)×2(获得2盒录音带的可能性:能 vs 不能)的被试间设计。被试被随机分配在如下四种条件下:确定能获得1盒录音带,且还有50%的概率再获得1盒录音带;只能获得1盒录音带;什么也没有、仅能获得1盒录音带和获得2盒录音带这三者的概率相等;获得1盒录音带和什么也没有的概率都为50%。因变量为对这些录音带的再评估。结果发现,当被试知道有可能获得2盒录音带时,他们对备选项的喜爱度并没有发生改变,而当没有可能获得2盒录音带时,他们对备选项的喜爱度下降了。决策结果的确定性对再评估没有显著影响,这说明结果的不确定性并不会影响认知失调减少的出现。因此,费斯廷格发现能同时获得两个选项的可能性才是失调减少出现的关键因素,即当这种可能性不存在时,失调减少的现象才会被观察到。

(2)第四个实验:认知相似性和失调减少。既然失调的减少是因为获得两个选项的可能性不存在,那么它是什么时候开始的呢？决策前哪些因素会影响失调的减少呢？换句话说，失调的减少是否需要时间和精力呢？费斯廷格介绍了戴维森的实验，因为他的实验很好地检验了决策前充分的思考是否会加快失调减少的出现。

戴维森选取了 71 名被试，在四种条件下测量被试对某个人的喜爱度。实验设计为 2（认知熟悉度：高 vs 低）×2（测量前的思考时间：立即测量 vs 延迟测量）的两因素被试间设计，即：一半被试在实验前阅读有关评价对象性格的消极评价（高熟悉度），另一半被试不看任何信息（低熟悉度）；同时，一半被试立即接受对评价对象的喜爱度的测量，另一半被试在思考一段时间后再接受测量。结果发现，在认知熟悉度很低且立即测量的条件下，被试对目标他人表现出了更高的喜爱度，而其他三种条件下的被试在决策前都对目标他人的性格进行了充分的思考，对其的喜爱度都降低了，这说明失调减少的现象发生了。该实验证明决策前充分思考选项的具体信息会促进失调的减少。

（3）小结。费斯廷格认为戴维森的实验在很大程度上验证了第二章提出的理论假设，失调的减少确实需要花费时间去思考选项。如果在决策前有关选项具体的认知熟悉性被获得，则失调的减少将会更加快速。因此，即使对选项的系统性再评估没有发生在决策之前，但对选项的信息进行充分的思考确实对决策后失调的减少会产生较大的促进作用。

4.决策前后对信息的收集（第四章）

虽然前几章都间接说明决策前后的认知过程是不同的，但是都没有提供直接的证据。在第四章，费斯廷格引用了两个实验来证明决策前后的认知过程确实是存在显著区别的，并为该观点提供了更加直接的证据。费斯廷格发现个体决策后会更关注被选项的积极特性，且更关注拒绝项的消极特性。但是，这种现象在决策前没有发生。

（1）第五个实验：选择性收集新信息。杰克尔设计了有关选择性收集新信息的实验来探讨决策前后信息的收集是否存在差异。59名男大学生参与了这个实验，每个被试都将参与一个团队游戏。在团队游戏中，被试将从两个"假被试"中选取一个作为合作者。在正式实验前，所有被试都被告知这是一个有关人格和决策能力的关系的研究，因此被试要接受关于人格特征的测量。所有被试随机分配到三种实验条件下："决策前条件"指被试在选择合作者之前阅读两个候选人的人格分析报告（既有积极方面的，又有消极方面的）；"决策后条件"指被试在选择合作者之后再阅读两个候选人的人格分析报告；"不确定条件"的操作除了被试并不知道自己与谁是一个团队的之外，其他基本上与"决策后条件"相同。每个被试在阅读候选人的人格分析报告之后，必须立即完成一份问卷，即写下他们阅读到的信息，并评定这些信息对玩游戏的重要性。实验者会记录被试对于两类信息的关注时间。结果发现，"决策前条件"和"不确定条件"下的被试对两个候选人人格分析报告中积极和消极信息的关注时间并无显著差异，而"决策后条件"下的被试对两类信息的关注时间存在显著差异，即更加关注被选者的积极信息和被拒者的消极信息。结果表明，个体对选项的信息进行选择性收集主要是因为失调减少现象的出现，这也说明决策前后个体对选项信息的加工是存在显著差异的。

（2）第六个实验：自信与信息的选择性注意。费斯廷格认为杰克尔的这个实验同样存在缺陷。在扫描选项信息时，个体可能会倾向于对那些与自己决策不协调的信息投入更少的关注，即直觉上选择忽视。但为了重新解释这些失调的信息，个体之后可能又重新开始关注它们。因此，这种失调减少的现象并不是我们所提及的"决策后的失调减少"。过往的研究发现，如果个体相信自己有能力去减少这种失调，那我们应该会发现他努力收集那些让失调增加的信息，这是为了更好地了解选项的具体细节并减少失调。当然，如果个体感觉自己没有能力去减少这种失调，那我们也应该会观察到他不太情愿去关注这些具体信息。接下来，费斯廷格介绍了卡农（Canon）的实验，他的实验设计很好地验证了这个观点。

卡农为了探究自信与信息的选择性注意之间的关系，考察了80名男性被试对与自己决策一致和不一致的新信息的偏好程度。结果发现：当不一致的新信息对解决问题的作用越少时，被试越偏向于关注那些支持自己决策的新信息；当被试感觉自己没有足够的自信去处理那些不一致的新信息时，他们会更偏向于关注与自己决策一致的信息。相反，若不一致的新信息对解决问题有用，且被试自信能很好地处理这类信息，则他们会更倾向于关注那些增加失调的新信息。该结果表明，人们对选项信息的加工在决策前后确实是存在差异的，而这种差异会受到自信和信息的有效性的双重影响。

（3）小结。费斯廷格认为该章的两个实验确实证明了决策前对选项的信息加工不是选择性的，而是客观与平等的，而决策后对两类信息的加工是具有选择性的。因为人们为了支持自己的决策，减少失调的产生，会更倾向于对那些支持自己决策的信息投入更多的关注。但是，如果选项信息对解决问题具有很大的作用，或者人们自信能很好地处理这些信息，那么人们也可能更关注这些不支持自己决策的信息。因为这样可以消除内心的疑惑，从而减少认知上的失调。

5. 决策后过程（第五章）

根据前面提及的理论和实证研究，费斯廷格发现决策在整个过程中是一个非常重要的阶段。因为决策前后的认知过程是不同的，正是因为决策完成，失调才会立即产生，这种前后的转变是十分关键的。那么，决策前后的这种转变是立即产生的还是逐渐发生的呢？根据第二章和第三章的实验结果，可以断定的是个体在决策前对选项信息的思考和加工程度越深，则决策后失调的减少就会越快且更有效。那么，为了减少决策后的失调，决策前后的这种转变是如何产生的呢？有研究发现，只要决策完成，那些有关选项的失调性信息就会引发个体更大的关注，如被选项的消极属性和拒绝项的积极属性等。而人们对不协调信息的关注，就是为了减少决策所造成的失调。但是，当人们更关注这些不协调的信息时，可能会对自己的决策后悔。因为人们可能更多地发现被选项的消极属性，而拒绝项的积极属性可能是自己更关注的。这种决策后悔使得失调在决策后更加凸显，从而使得人们致力于寻求减少失调的方法。我们应该如何检验这种推测呢？如果决策后悔是决策后失调的即刻显现，那么我们就需要设计一个实验来探析决策后的具体过程。

（1）第七个实验：决策后悔和决策反转。费斯廷格和沃斯特（Walster）设计了有关决策后悔和决策反转的实验来检验人们在决策后是否存在一种立即推翻自己决策的倾向。在实验中，68名女性被试分成两个组，被告知由于她们参与了实验而得到免费染发的机会。其中一组被试首先对十二种备选发型的喜爱度进行等级评定，然后在发型师推荐的两种发型中进行选择。而另一组被试恰好相反，先在两种发型中进行选择，然后再对十二种发型进行评定。结果发现，先评定后选择的被试比先选择后评定的被试更多地表现出了决策后悔，即前种条件下比后种条件下有更多的被试选择了更低喜爱度的发型。这些数据支持了实验的假设，即决策后悔确实存在。这在一定程度上表明决策后确实存在失调立即显现的现象，而个体觉察到这种现象后，为了减少失调，就表现出决策后悔。

（2）第八个实验：决策后过程的时间进度。费斯廷格认为有关决策后悔和决策反转的实验对结果的解释不是十分合理，以决策后悔的存在来推测失调的立即显现显得很牵强。同时，他认为该实验对决策后悔的测量不是直接的，是通过选择的差异来间接测量被试的决策后悔。如果在失调凸显后能观察到个体后悔的时间过程,那么我们将能得到更加直接和客观的证据。但是,很明显,这在实验室是非常难以实现的,因为这需要一个较好的决策情境,使得决策后的失调表现得更加明显。费斯廷格接下来介绍了沃斯特的实验设计,沃斯特将实验室和真实生活进行了结合,设计了一个非常好的决策情境,以满足上述要求。

在沃斯特有关决策后过程的时间进度的实验中,他在某大学选取了193名男性毕业生来参加实验。在实验中,实验者给被试设计了一个真实工作应聘的决策情境,被试的选择将会直接影响他们接下来两年内在军队的工作类型。因此,这样的决策对被试是十分重要的,一旦决策就很难导致失调的减少,而产生的后悔就会持续更长的时间,更容易被直接观察和测量。结果发现:当决策后立即再次接受对10个备选职业的喜爱度测量时,被试知觉到失调的即刻凸显,对被选项的喜爱度更低了,而对拒绝项的喜爱度增加了,即决策后悔开始出现;当决策后延迟4分钟再接受测量时,被试对被选项喜爱度的降低和对拒绝项喜爱度的增加并不明显,这说明失调的减少是不显著的,表明决策并未消失。但是,在延迟90分钟的条件下,结果没有发现认知失调的显著减少。

(3)小结。总之,该章两个实验表明:如果认知失调很容易减少,那么决策后悔就会不明显,且稍纵即逝;如果失调难以减少,那么决策后悔就会很强烈,并持续更长的时间。

6.决策前的认知过程(第六章)

虽然前两章初步发现在决策前人们对各选项信息的收集是平

等的，但是费斯廷格认为这并不是绝对的。由于决策过程本身的复杂性，所以决策前还可能会有其他因素影响人们的决策结果。例如，决策前平等地关注各选项的信息在实验室里确实可以实现，但在真实生活中很难实现。因为即使各选项被描述得很对等，允许决策者平等地收集信息，但是现实生活中新选项可能比那些熟悉的选项更容易获得决策者的关注。例如，有两个教师岗位可供选择，其中一个能提供很好的薪水，而另一个的教学负担很轻。这两个选项好像在现实中都不能同时满足决策者的完美要求，那么他会如何决策呢？而现实情况下，往往这两种属性是很难同时满足的。决策者必须在经过反复的权衡后放弃其中一种不能实现的属性，才可能在两者之间做出选择。如果这些认知过程确实经常在决策中发生，那么具体的认知过程是怎样的？费斯廷格接下来介绍了两个实验，具体探讨决策前的认知过程。

（1）第九个实验：对不完美选项的决策。在沃斯特和费斯廷格有关对不完美选项的决策的实验中，他们探讨127名小学二、三年级的小男孩决策前在不同条件下选择玩具赛车的时长和记忆程度。结果发现，当给被试呈现了完美选项（被试最想要的理想玩具赛车）之后，被试对备选的不完美选项（有点儿破损的玩具赛车）的选择花费了更长的时间，回忆的属性与理想选项的属性更相似。这些结果表明个体为了能在不完美选项中做出决策，必须先花时间将不可获得的完美选项从大脑中排除。而个体在决策条件下的记忆内容也反映了其需要更多的决策时间。

（2）第十个实验：预期的失调对决策前行为的影响。虽然上面这个实验在一定程度上证明了人们在对不完美选项进行决策时会花费更多的时间和努力,但是当他们面对两个或多个这样的选项时,对这些选项的思考是否会影响到决策前的认知行为?比如,若个体预期选了某个选项后会体验到某种失调,那么他在决策前对每个选项的认知行为是否会发生变化?他是否会避免去选择这个选项,甚至回避决策?为了有效地减少这种决策前预期的失调,人们可能会在决策前说服自己这个决策不重要,或者干脆避免决策。为了能够清晰地验证这个假设,费斯廷格认为需要设计一个实验,以便观察到决策前预期的失调,并将这种失调与决策的重要性明确区分开来。故此,费斯廷格接下来介绍了布雷登(Braden)和沃斯特的实验,他们的实验能让我们有效地观察到被试对决策的回避行为。

在有关预期的失调对决策前行为的影响的实验中,如果被试在决策前预期决策后自己会产生失调,则很少有被试愿意再进行选择,更多的被试选择掷硬币这种类似回避决策的行为;相反地,如果被试在决策前预期决策后自己会产生认知一致性,则更多的被试愿意进行决策,而不会采取回避反应。该实验结果证明了决策回避行为的发生确实是决策前预期的失调所导致的。

(3)小结。费斯廷格指出,决策前个体并不是将所有的时间都用于比较和评价选项的属性,也会花一些时间去考虑那些更具吸引力的选项(如完美选项),即使在决策中并不能获得这些完美选项。两个实验都表明个体做决策的意愿程度并不是受决策的困难程度或冲突程度的单一影响,而是会受到个体预期的失调的影响。

7. 总结和问题（第七章）

费斯廷格呈现了十个实验的结果和讨论，这些都有助于我们更好地理解决策的过程，这些实验都很好地探讨了人们在决策过程中发生了什么或决策后人们的认知和行为是如何表现的。通过综合十个实验的结果，我们可以绘出决策过程的时间图，即决策前的冲突、决策中和决策后的失调。在决策前，两个具有同等吸引力的选项往往会诱发人们内心的冲突。因为个体对不同选项信息的收集和评估是等同且客观的，会通过直接的评估而得到自己的偏好序列，并把它作为决策的依据。因此，若选项越吸引人，选项的信息越有用，或者决策对自己越重要，那么个体对之后的决策就会更加自信。而在决策后，个体为了支持自己的决策，就会更关注被选项的积极属性和拒绝项的消极属性。这些观点在第二章和第四章的四个实验中都得到了证据的支持。另外，决策前哪些因素会影响决策后失调减少的出现呢？一方面，研究发现，若个体在决策前花费更多的时间去收集和评估各个选项的具体信息，或者对选项的思考越具体，则决策后失调的减少会更迅速。这一点在第二章和第三章都得到了很好的验证。同时，若个体经历的不是决策情境，仅仅是一个偏好情境（即个体不需在各选项之间进行选择），则决策后的失调不会发生。因为决策情境能让个体知道一个明确的结果，即决策后就会拥有被选的，同时也会失去拒绝的选项。它使得个体感受到一种"承诺"，使个体有所收获和付出。而这两者的对比就会产生认知上的失调，这在第六章也得到了很好的解释。另一方面，若决策本身对个体非常重要，且个体发现很难找到一个有效的方式来减少决策带来的失调，那么决策之后个体会产生后悔。这种后悔间接地反映了决策后失调减少的凸显，这在第五章得到了证明。如果失调很容易减少，那么决策后悔就会不明显，且稍纵即逝。如果失调难以减少，那么决策后悔就会很强烈，并持续较长的时间。但是，当延迟90分钟再测量时，实验者并没有再观察到决策后悔。费斯廷格认为实验数据并没有很好地解释这个问题，这也是整本书没有探讨之处。他认为在有关失调的理论和实验研究中，目前我们不清楚的是：在什么情况下失调的减少是容易的或困难的？在什么情况下失调的减少是稳定的且持久的？费斯廷格认为我们之所以无法清晰地获得这些知识，最大的原因可能就是实验中所有的决策情境都不是"真实的"，即实验中的决策不是真实世界中的决策。

费斯廷格幽默地指出：虽然我们解决了许多已发现的问题，但是在这个过程中，我们又制造了新的问题。或许，这就是科学的进步方式。

二、导读

《冲突、决策和失调》最大的价值在于告诉读者如何用科学的实验方法来验证社会心理学中较为抽象的理论观点和假设。这部著作不仅很好地剖析了决策的认知过程，而且还把认知失调理论中的许多观点放在各个实验中进行了系统、严谨的检验。另外，最能让读者获益的是书中所提到的科学实验方法。书中所提到的实验研究为早期社会心理学研究不仅提供了许多可供参考的思想框架，还提供了许多可直接应用的实验范式。那么，读者应如何读懂这部著作呢？

(一) 读者应具有的基础知识

这部著作具有较强的学科专业性，比较适合心理学研究人员阅读。根据奥苏伯尔 (D. P. Ausubel) 的有意义学习理论可知，要想使得学习有意义，学习者必须将新观念（或新知识）与自身认知结构中原有的适当观念建立起非人为的和实质性的联系。因此，在阅读这部著作之前，读者还需具有一定的专业基础知识。首先，读者需要了解实验心理学的基本内容。其次，读者还需了解社会心理学中与决策、冲突和失调等有关的理论和思想。只有具有了这些知识，读者才能更深入地理解这部著作的价值和精髓，才能有更大的收获。

(二) 读者应认真体会作者的写作思路

在费斯廷格提出认知失调理论之后，支持他观点的人和反驳他观点的人都存在。费斯廷格不仅对他人的意见进行了深入的思考，还从决策这个角度对自己提出的理论进行了实验验证。在整部著作中，费斯廷格的写作思路是非常具有逻辑性的。在阐述某些观点时，他首先会引经据典，罗列各种观点和假设，然后用通俗的语句对其进行提问。在介绍各个实验时，他首先说明该实验解决了他所提出的什么问题，然后分析其缺陷，并在此基础上提出另一个问题。这样一来，不同实验之间就存在非常强的逻辑连贯性，让人感觉每个实验都是必须做的。我们把费斯廷格的写作思路概括为：提问—对实验结果的解释—总结—再提问。读者应认真体会作者的这种写作思路。

（三）读者应掌握的阅读方式

为了帮助读者更好地理解这部著作，我们给出以下几点阅读建议。

一是精读理论观点和假设，理解写作思路。作者在每章开头都用了大量的篇幅来提出问题，并且根据已有的研究结果和理论做出了推论和假设。同时，各个实验研究之间还存在较强的逻辑关系。读者要理解各个实验研究之间的逻辑关系，了解作者提出的问题，时刻牢记作者针对问题所做的推论和假设。只有这样，读者才能清晰地理解作者的写作思路，并为阅读后面的内容做好准备。

二是细读实验设计和数据分析，掌握研究范式。在每一章中，实验设计和数据分析占了大量篇幅。读者只有细细体会研究者的方法和步骤，才能对整个研究的科学性做出评估。另外，读者也只有仔细了解实验的具体过程，才能判断研究者的研究目的是否能达到。读者只有细读实验设计和数据分析，方能真正掌握研究范式。

三是思考实验结果、讨论和总结，概括研究目的。实验结果在整部著作中的呈现较为简明扼要，讨论和总结也具有较高的概括性。读者在阅读该部分时，应该是有目地寻找支持或反驳研究假设的结果，并重点阅读作者的讨论和解释。同时，作者还对各章的实验进行了总结，概括其验证了哪些问题，并提出了还存在的问题，为下一章问题的提出做出铺垫。整部著作对实验结果的总结具有较强的逻辑性，充分结合假设和数据，并且具有较高的概括性。读者在阅读这部分内容时，应认真思考已知的实验结果，寻找实验结果与讨论的关键和重要之处，并体悟作者的写作技巧和思路。

三、评价

《冲突、决策和失调》所提出的一些理论观点和实验方法，对心理学具有很大的理论和实践意义。费斯廷格将认知失调理论初步应用到决策领域，并对人们的决策行为进行了一定程度的剖析和解释。同时，这也是对认知失调理论的修正和完善。而且，著作中所展现的实验方法和理论，对社会心理学在方法论上的发展也起到了重大的推进作用。这部著作的特色表现在以下几个方面。

第一，拓展了认知失调理论的应用范畴。自从费斯廷格首次提出认知失调理论以来，该理论的主要思想和观点在心理学领域产生了巨大的反响。该理论的一系列假设具有较强的开放性特征，因而能衍生出更多可行的实验设计思路，为社会心理学研究开辟了全新领域。在这部著作中，费斯廷格将认知失调理论初步应用到决策领域，为许多还未解决的决策问题和行为提供了新的、合理的解释和证据。因此，从理论层面来说，这部著作扩展了认知失调理论的应用范畴。

第二，完善了认知失调理论的主要观点。任何理论都不是完美无缺的，理论的观点和假设是具有一定的局限性的。我们只有将理论应用于不同的情境之中，并检验其假设和观点的正确性和恒定性，才能不断丰富和完善该理论的主要观点。费斯廷格在最初提出认知失调理论时，确实受到了许多社会心理学家的质疑和批判。他在接受他人提出的质疑和坚持自己观点的同时，也在不断地拓展该理论的应用范畴，并用不同的实证方法来反复验证自己观点的正确性，而这部著作很好地体现了这一点。

第三，丰富了社会心理学实验研究的思路和范式。在社会心理学发展的早期，研究方法主要是调查法和访谈法，心理学家们无法直接找到各个心理变量之间的因果关系。因为方法论上的局限，所以研究者们在很多有意义的主题上无法前进。费斯廷格在这部著作中呈现了十个实验研究，并详细报告了具体的实验方法和步骤。这对于那个时期的社会心理学研究者来说，无疑是提供了非常有益的借鉴。

第四，促进了人们对决策的理解。从实践层面来说，该著作重点剖析了人们决策的具体过程，这为解释某些决策行为为什么发生或不发生提供了一定的证据。同时，费斯廷格使用认知失调理论来解释决策过程中人们的认知过程和心理变化，这有助于个体更好地理解他人的决策行为，并为自己在进行重大决策时提供指导。故此，该著作能够很好地将心理学的理论研究应用到实践层面，给个体的决策行为提供有效的指导。

然而，虽然费斯廷格将认知失调理论初步应用到决策领域，也提出了一些颇具理论和实践意义的观点和假设，但是其理论的缺陷仍然存在，表现在以下几个方面。

第一，核心概念的模糊性。在认知失调理论中，有些概念是模糊不清的。例如，"失调"这一重要概念，费斯廷格认为这是一种紧张状态，这种紧张状态发生在一个人同时持有两种在心理上不一致的认知的时候。但是，认知在哪些方面不一致，他并没有明确说明。这给进一步的科学研究带来困难。

第二，决策情境的非真实性。著作中大量实验研究涉及的决策情境都是人为设置的实验室情境，这使得被试的决策行为和认知特征与现实生活中的情况并不完全相同。费斯廷格发现，决策中失调的出现会随周围情境的变化而变化，而在实验室情境中，很多重要且关键的因素是很难考虑到的。因此，实验研究的信度和效度受到了严重的影响。

第三，理论解释的不确定性。认知失调理论不是用心理学术语来解释产生失调的心理机制，只是借助于日常生活经验来确定失调的存在。而在日常生活中，人们的行为举止不一定遵循逻辑原则，有可能遵循另外的原则。费斯廷格对这些原则并未严格限定，解释模式有较大的不确定性和随意性。

总之，《冲突、决策和失调》这部著作的内容丰富而多彩，它所阐述的观点和理论对心理学的发展有着重大的影响。它不仅在理论层面上促进了社会心理学的发展,而且在实践层面上也给人们如何进行行为决策提供了借鉴与指导。

第五章 费斯廷格人际关系思想评述

在社会心理学领域，费斯廷格有两大研究成果。一是社会比较理论。1954年费斯廷格提出了社会比较理论，认为团体中的个体具有将自己与他人进行比较，并从中确定自我价值的心理倾向。受到社会情境之影响，个体时而与条件胜于自己者进行比较，时而与条件劣于自己者进行比较，旨在追寻自我价值。二是认知失调理论。此理论最早出现于1957年《认知失调理论》一书中，其基本含义为：在面对新情境，必须表示自身的态度时，个体在心理上会出现新认知（新的理解）与旧认知（旧的信念）相互冲突的状况。为了消除这种不一致所带来的不适感，个体倾向于采用两种方式进行自我调适：其一，对于新认知予以否认；其二，寻求更多的有关新认知的信息，提升新认知的可信度，借以彻底取代旧认知，从而获得心理平衡。

第一节 社会比较理论

一、社会比较理论简介

费斯廷格在 1954 年提出这样的构思,即每个个体在缺乏客观条件的情况下,利用他人作为比较的尺度,来进行自我评价。比较有两种方式,即上行比较和下行比较。上行比较指个体和比自己优秀的人进行比较。在进行上行比较时,如果个体预期能够达到上行比较目标的水平,就会产生同化效应,提高自尊心;如果个体预期将来不会达到上行比较目标的水平,就会产生对比效应,产生负面的自我评价。下行比较指个体和表现不如自己的人进行比较。个体经常寻求有利的社会比较信息来维持自我优于他人的看法,下行比较是自我提高的源泉。

费斯廷格指出,在向上的社会比较中,个体主要与那些更社会化的人比较,而在向下的社会比较中,个体做逆向比较。社会比较可以提高个体的自信心,并且成为合理自我完善的基础。可是,如果社会比较建立了不切实际的标准,这些功能都会失效。

1965 年美国心理学家约翰·斯塔希·亚当斯(John Stacey

Adams）从社会比较的角度提出了经典的公平理论。他认为人们不仅关心自己所得回报的绝对量，而且还希望了解自己所得回报的相对量，以确定是否公平。社会比较产生情感、认知、行为三种后果，而公平感是社会比较的结果之一。公平理论进一步拓展了社会比较理论研究的深度和范围，二者之间存在紧密的联系。

社会比较是一种普遍存在的大众心理现象。人人都自觉或不自觉地想要了解自己的地位如何，自己的能力如何，自己的水平如何。而一个人只有在社会中，通过与他人进行比较，才能真正认识到自己和他人；只有在社会的脉络中进行比较，才能认识到自己的价值和能力，对自己做出准确的评价。社会比较能够使人清楚地了解自己和他人，找出自己和别人之间存在的差距，发现自己的长处，找出自己的不足。由此可见，社会比较可以帮助人们认识自身，激发人们的行为动机。

构成社会比较应具备以下三个基本条件。

第一，人人具有想要清楚地评价自身意义和能力的动机。

第二，如果有评价自身意义和能力的物理的、客观的手段，个体就首先使用这种手段。如果找不到这种手段，个体就会通过与他人进行比较来判明自身的意义和能力。

第三，因为与自己类似的人对评价自身的意义和能力有用，所以容易被选作比较对象。

在费斯廷格提出社会比较理论之后，新的研究不断出现，因而社会比较的领域也扩大了，主要涉及以下四个方面。

一是不明确性与社会比较。一般来说，不明确性的存在往往会导致有关的社会比较。但是，并不尽然。如果事物的不明确性与自己的关系不大甚至没有关系，则不可能引起相应的社会比较。有的事物虽然与自己有关，但涉及这个事物会引起痛苦、恐惧等不良情绪，因而主体可能会回避这个事物，不愿进行有关的社会比较。由此可见，不明确性与社会比较的关系是有条件的。

二是自我评价与社会比较的功能。个体往往借助社会比较进行自我评价，借以确认自己的属性，我们称之为自我评价的社会比较。社会比较具有双重性：它不仅在于确认自己的属性，而且还包含着主体的积极愿望，即希望得到肯定性情感的满足。能力比较中的"向上性动机"，就是这种倾向的积极表现。有人提出"自我增进功能"的社会比较，也是强调自我评价的社会比较所具有的双重性作用，认为主体即使已确认自己的某种属性，也还要借助这种社会比较，获得肯定性情感的满足。

费斯廷格认为，当自我评价的物理手段不能利用时，社会比较就出现了。这一看法未必恰当。有关社会比较的事实证明，即使人们通过物理手段确认了事物的属性，也还要利用社会比较再予以确认，以达到某种积极性期望的满足。可见，社会比较具有普遍性。

三是和不同于自己的他人比较。费斯廷格认为，社会比较主要是和类似自己的他人相比较。然而，在人际交往中，人们所进行的社会比较包括：一方面以类似自己的他人为比较对象，用以确认自己与他人相类似的属性；另一方面还可以和不同于自己的他人相比较，从反面确认自己的属性，以提高自我评价的可信度，促进自己社会行为的发展。后者是一种辅助性的社会比较。聪明的个体善于把这两方面的社会比较结合起来，以完善自我评价。

四是暂时比较和团体间比较。社会比较理论研究的是某一时刻自己和他人的比较，即个体间横断面的比较。但是，个体间横断面的比较可能转变为个体内纵断面的比较，即暂时比较。我们把自己看成认识对象，这是通过和他人的相互作用而形成的，通过社会比较来评价自己的意见、能力等，这些显然是自我概念的一部分。除此之外，为了自我概念的明确化，个体有必要超越时间而形成自我同一性，使过去自我、现在自我、将来自我统一于社会生活之中。艾伯特（S. Albert）认为，自我同一性的形成基于现在自我的属性同过去自我、将来自我的属性的比较，可见个体间比较能够转变为个体内比较。当自我不能获得实际的客观证明时，个体就通过过去自我和现在自我的比较来了解自我同一性，于是把与现在自我相类似的过去自我作为比较对象，进行个体内比较。

泰弗尔（H. Tajfel）提出了团体间比较。在社会生活中的个体至少属于一个团体，所以个体自我概念的某一侧面会受自己所属团体属性的影响或规定。自我概念的这种侧面称为社会同一性。个体所属团体的属性是通过和别的团体相比较才能明了的，因此，团体间比较对社会同一性的形成是必不可少的。这样，从费斯廷格的同一团体内个体间比较扩大到团体间比较，人们更有可能把社会比较扩大到整个社会心理学领域来探讨。

实际上，社会比较带有普遍性，因为社会行为的发展和改变都与社会比较相联系。个体通过社会比较觉察到社会行为发展的方向性，从而有意或无意地改变自己的行为，以适应社会。社会比较可以作为一种内驱力，有利于促进个体行为的发展和改变，从而作用于社会。

二、社会比较理论的发展

社会比较理论按照出现的先后顺序，依次有古典社会比较理论、基于畏惧的社会比较理论、下行社会比较理论、基于社会认知的社会比较理论、基于个体差异的社会比较理论（Buunk & Gibbons，2007）。

古典社会比较理论强调上行比较和代理人模型。在费斯廷格研究的基础上，推动上行比较理论发展的研究中较有影响的是威勒（Wheeler）的排序实验，他要求被试对小组中其他人的得分进行排序，然后询问被试愿意与谁进行比较。研究结果表明，被试更愿意与那些比他们稍微优秀一点儿的人进行比较。这一结果有力地支持了费斯廷格的上行比较研究。代理人模型主要描述人们如何利用社会比较去回答"我也能做某件事吗？"或者"我也能出色地完成某一特殊任务吗？"这类问题。当人们对自己从事一项重要的新任务进行绩效预测时，他们通常与已经从事过这项任务并且为之付出了最大努力的人（代理人）进行比较。例如，你想知道自己是否有能力游过某一海湾，你已经知道你和你的朋友（代理人）一样都能在游泳池里游完 50 米。你的朋友刚刚游过了那个海湾，那么现在你有把握也能做到吗？这取决于在游泳池中游完 50 米是不是代理人的最大能力。如果你和你的朋友过去经常在一起游泳，你发现他最多只能游完 50 米，并且你每次都比他游得更远或者游得和他一样远，那么你显然会认为你也能游过那个海峡。但是，如果你不能确定 50 米是他的上限，那么其他相关的信息对你的预测就很重要。

基于畏惧的社会比较理论主要涉及自我不确定性和压力。研究（Buunk & Brenninkmeyer，2000）证实，在工作、婚姻中经历不确定感的个体有更强的愿望去了解有同样经历的他人，并向这些人倾诉。因为这种不确定感带来的威胁正是压力产生的来源之一，而倾诉可以在一定程度上消减压力。该理论拓宽了社会比较理论的研究范围，在早期只强调观点和能力比较的基础上，认识到了情感也是社会比较中的重要内容。在承受压力时，由于人们都有自我提高的需要，通常会进行下行比较，以减轻由压力而带来的消极情绪。个体只要认为自己和比较对象不相似的话，就能在下行比较中受益。

后来，研究者从社会认知的角度来分析社会比较。丹尼尔和吉伯特（Danial & Gibert）认为社会比较应该存在自动比较和转换比较两个过程。第一阶段的比较基本上是自动产生的，如人们会不假思索地与成功的演员或卓越的商人比较，并产生对自我的负面评价。在这个阶段后，个体会经历转换比较过程的调整，以减轻自我的负面评价。社会比较的过程可能比研究者所想象的更加复杂,在比较的结果出现之前,人们存在更多的认知调整。与之相关,研究者又进一步强调人的个体差异,如敏感性、独裁、进取心、好竞争等个体特征在社会比较中的调节作用。具有高敏感性特征(焦虑、沮丧、担忧)的个体更乐于与他人比较并且更容易产生消极的情感体验(Van der Zee,Buunk, & Sanderman,1998)。具有独裁、好竞争的特征的人则会进行更多的上行比较,而该特征较低的个体会进行等比例的三种比较(Nekich,2000)。

以上的社会比较理论,主要集中在比较对象的选择、比较方向、认知过程、个体差异等方面。在已有研究成果的基础上,社会比较理论获得了进一步的发展,如高人一等效应(better-than average,BTA)和低人一等效应(worse-than average,WTA)研究、社会比较频率的因果研究、在组织中的社会比较研究等。

(一) BTA 和 WTA 研究

人们如何评价自己?有关驾驶员评价自己驾驶能力的研究发现,90%以上的驾驶员认为自己的能力在 50 分位以上,即在平均水平以上。这在统计学上是矛盾的,却说明了人们有高人一等的倾向。拉瑞克(Larrick)围绕任务的难易程度,针对 BTA 进行了研究,并分析了 BTA、WTA 和自信的关系。研究结果表明,困难的任务会产生 WTA 和过分自信,简单的任务会产生 BTA 和不自信。为了准确衡量个体的自我评价程度,他还引进了乐观排位的概念,指的是个体认为的认知排位超过实际排位。

乐观排位倾向的个体容易产生 BTA（Larrick, Burson, & Soll, 2007）。

摩尔（Moore，2007）进一步对 WTA 进行了考察，认为人们把自己与一个模糊的群体（如与不熟悉的行业中的某一群体）进行比较时，更容易产生 BTA 或 WTA。当与具体的、了解的个体进行比较时，人们更容易做出准确、合理的评价。同时，摩尔还发现直接比较和间接比较的差异。直接比较要求人们在比较后直接回答他们所认为的比别人优秀的程度，间接比较则是在充分衡量比较目标和比较内容后再给出比较结果。研究结果表明，与间接比较相比，直接比较会导致更显著的 BTA 和 WTA。摩尔注意到文化背景对社会比较的影响。一个有趣的例子是日本人和美国人在社会比较中的差异，日本人和美国人都认为自己高人一等，但是在内容上不一样。美国人强调自我依赖，因此展现更多的自我；日本人强调团队忠诚，更多地展现团队忠诚。

（二）社会比较频率的因果研究

有人通过构建假设模型，分析了社会比较频率的前因和后果。前因主要包括角色模糊、任务自主性、核心自我评价（core self-evaluation，CSE），后果主要有情感承诺、工作满意度、工作搜寻行为。角色模糊和任务自主性分别与上行比较频率呈正相关、负相关，而与下行比较频率无显著的相关关系（Brown, Ferris, Heller, & Keeping, 2007）。其中涉及的 CSE 指个体对自己价值、能力、竞争力的最基本的评价。它比自我评价（如自尊、自我效能）在范围上更广，具有整合个体特征的特性，在理论上是一个更合适的用于描述个体特征的概念。CSE 高的个体所具有的特征是善于自我调节、积极、自信、高效，他们不会因为对自己的能力不确定而更多地进行社会比较。研究指出，CSE 与上行比较和下行比较的频率都呈负相关。不仅个体在组织中的角色定位会影响社会比较频率，而且自我概念的清晰性（self-concept clarity）也与社会比较频率呈负相关。

（三）在组织中的社会比较研究

社会比较理论可以用来解释组织中的现象。有人从绩效考核、虚拟工作环境、压力、领导关系来考察社会比较理论的应用。在绩效考核过程中，随着 360 度考核和自我管理团队的出现，同级间的互相评价越来越普遍。同时，同级之间有着共同的工作环境、领导和相似的任务，这使得他们很可能成为彼此的比较目标。但虚拟工作环境和不断强化的专业化要求，使得同级之间缺少有用的比较信息，人们很难与自己的同事进行社会比较以消除不确定感。即使是组织中的同级，任务的相关性也会影响比较信息的获取。共同完成一个相关性很高的任务比各自独立完成任务将使参与者获得更多有用的比较信息（Paul & Emily，2007）。

在组织中，领导相对于组织成员而言处于相对优势的地位，员工与领导的比较属于上行比较。社会比较理论中关于领导的主要理论有领导—成员交换理论（leader-member exchange theory,

LMX 理论)和社会身份认同理论(social identity theory, SIT)。LMX 理论认为根据信任水平的不同,领导与成员的关系存在差异。因此,把组织看成是一个没有差异的统一整体并不合适,组织是领导与成员之间一系列不同关系的组合体。不同的员工与领导之间存在不同程度的 LMX 关系,拥有高 LMX 关系的成员会获得领导更多的支持和鼓励,并承担更多的责任、挑战和任务。社会比较容易发生在高 LMX 关系的员工身上,高 LMX 关系的员工更喜欢进行上行比较,更有信心成为和领导一样的人。SIT 认为群体成员的自尊和身份认同部分是通过与领导的社会比较决定的。同时,组织中的成员通过不断地与领导进行社会比较来保持对团队的认知,并在组织内外建立自我认知。领导是个体社会身份认同过程中最重要的影响因素。

上述研究表现出两个方面的明显变化。第一,个体差异性(CSE、WTA、自我概念的清晰性)在社会比较中的作用。首先,CSE 在描述个体特征上比自尊、自我效能等概念更合适,它概括的个体特征是主要的、非表面的特质。CSE 高的个体的社会比较频率较低。其次,个体在社会比较中存在着对自身高人一等或低人一等的认识,这对社会比较的结果(如公平)有直接的作用。除此以外,自我概念的清晰性也是个体特征之一。自我概念清晰性很高的员工会更少进行社会比较。研究这些个体差异的意义在于有针对性地考察不同个体特征的行为方式差异,为相关理论研究铺垫必要的基石。第二,组织层面的社会比较研究。社会比较在组织中大量存在,研究已经关注到了虚拟工作环境、绩效考核、领导关系、压力等具体问题。虚拟工作环境的出现减少了社会比较所需的必要信息。而绩效考核是一个相互比较的过程，尤其是自我管理团队和360度考核带来了更多的社会比较问题。领导与员工的社会比较结果及调节作用得到了更多的理论支持。社会比较是压力的来源之一，因此，压力研究不可忽视社会比较的作用（刘得明，龙立荣，2008）。

三、国内社会比较研究新进展

与国外相比，我国社会比较研究起步较晚，1998年才开始出现涉及社会比较概念的文献。早期关于社会比较的研究较少，2005年以后逐渐增多。目前，国内社会比较研究主要分为两个部分：一是着重阐述国外社会比较的理论体系，探讨相关研究成果；二是实证研究，或者是把社会比较理论应用于分析某些特定的群体，如学生、教师或警察等，或者是将社会比较理论应用于某些特定的领域，如自我领域、心理健康领域、教育领域等（张丽雅，2013）。

（一）社会比较的理论阐述

国内关于社会比较的理论阐述，主要是介绍国外社会比较理论的发展历程和研究成果，总结社会比较的类型、效应、动机和策略等相关理论模型和研究成果，并强调在中国社会背景下如何进一步探讨社会比较理论。

邢淑芬和俞国良（2005）系统回顾了国外近50年来关于社会比较的研究成果和社会比较理论的发展历程，概括出了社会比较的类型、动机和策略。李亚玲（2009）从社会建构主义的视域出发，按时代发展进程来认识社会比较研究的情况及发展趋势。张玲（2010）比较系统地对社会比较的研究方法进行了归纳和阐述。李光普（2011）介绍了社会比较脑机制方面的研究。郭淑斌和黄希庭（2010）探讨了目前关注最多的推动社会比较的两种动力因素，即社会比较动机和社会比较倾向性。这些研究都较为全面地阐述了社会比较理论的提出和发展，并介绍了有关社会比较的类型、效应、动机和策略的理论发展和研究成果。

邢淑芬和俞国良（2006）系统地阐述了社会比较在个体自我评价中产生的对比效应和同化效应，探讨了影响社会比较效应的多种调节变量以及社会比较效应产生的心理机制，指出社会比较对个体的自我评价和情绪的影响更多地取决于社会比较发生的具体社会情境和个体运用社会比较的方式，而不是社会比较的方向。此外，社会比较中还存在着认知偏差，即BTA和WTA。个体一般通过与他人进行社会比较来进行判断和决策，因此，了解造成这种认知偏差的原因，可以帮助人们正确地做出判断和决策，有效地避免错误。周爱保和赵鑫（2009）详细阐述了社会比较中出现这种认知偏差现象的理论依据和相关研究，介绍了社会比较中认知偏差的测量方法，并在东方文化背景下通过实验研究探讨了任务类型与信息清晰度对社会比较中认知偏差的影响。

（二）社会比较的应用研究

国内关于社会比较的应用研究主要集中在少数几个领域：一是社会比较与自我的关系；二是在教育、心理健康和职业等领域应用社会比较的有关理论，研究的对象主要涉及学生、员工等。

1. 社会比较与自我的关系研究

费斯廷格认为，个体进行社会比较的目的就是通过与他人进行比较来评价自己。特塞尔等人（Tesser et al., 1998）提出的自我评价维护模型认为，人具有维护积极自我评价的根本需要，个体进行社会比较是为了维护积极的自我评价。从社会比较理论的提出到社会比较类型的确定，再到社会比较的动机研究，我们可以看到，自我是与社会比较非常密切的一个概念。

社会比较的动机包括自我评价、自我提高和自我满足。社会比较与个体自我的发展有着非常重要的联系，社会比较与自我的关系也是社会比较领域最早开始研究的主题。社会比较与自我的关系研究中最具代表性的研究如下：付宗国和张承芬（2004）以大学生为被试，研究了群际情境下向上社会比较对自我评价的影响。隆莉和赵玉芳（2006）调查了大学生过去与现在社会比较的特点和自我比较的差异。结果表明大学生无论是在过去还是现在的社会比较中都存在贬低别人的倾向，但是在自我方面存在显著差异，认为自己在学业、成熟和志向方面比过去差，而在自我接纳和容貌方面比过去好。方华（2008）探讨了社会比较对大学生自我发展的影响，认为社会比较通过影响个体的情绪和控制感来影响个体自我发展的实际行为和目标定位。李萱等人（2010）指出,社会比较的结果受到自我结构的调节,不同的自我结构水平会影响个体对社会信息加工的模式,进而影响个体进行社会比较的结果。张丽雅和余林(2010)通过实验探析了大学生在进行社会比较时是否存在自我评价的补偿效应。瞿斌和陈旭(2011)采用自编家庭问卷、罗森伯格(Rosenberg)自尊量表和错觉合取实验材料,考察社会比较对不同自尊水平留守儿童行为的影响。李艺敏和孔克勤(2011)指出,自卑和自尊既有联系又有区别,并将自卑分为自卑感和内隐自卑,提出应该从社会比较的角度对自卑感和内隐自卑进行测量并探讨它们的特点。刘嘉秋和昝飞(2011)以社会比较为切入点,从内因和外因两个方面对智力障碍者自尊形成及变化的内在机制进行了分析和探讨。

社会比较理论认为,自我形成的途径之一是社会比较,因而它拓展了关于自我概念的知识,社会比较和自我形成的关系研究也就越来越受到心理学界的重视。

2. 社会比较在教育及心理健康领域的应用研究

社会比较理论在教育及心理健康领域的应用,主要涉及社会比较与大学生的学业成绩、压力、焦虑、抑郁、自卑、妒忌、人际交往、自我效能感、主观幸福感等之间的关系。

心理健康日渐受到人们的关注,人们在心理健康教育与咨询的实践中发现,大学生的心理问题主要涉及抑郁、焦虑、偏执、自卑等,而这些心理问题的主要根源是社会比较。个体通过社会比较来认识自我、判断自身的处境和生活质量,社会比较在一定程度上决定了个体的自我概念、情绪状态和对未来的期望,从而影响个体的心理健康。如果个体社会比较的模式不改变，其心理问题也难以真正地解决。因此，社会比较可以作为研究大学生心理健康问题的一个切入点。白红敏等人（2009）通过实证研究探讨了社会比较类型和倾向对大学生主观幸福感的影响。王璇（2009）探讨了社会比较对情绪健康的影响，认为个人主观的生活满意感是社会比较的结果，社会比较是个体抑郁情绪产生的重要元素。刘华（2010）指出大学生心理问题的产生源于个体与周围同学进行社会比较，并提出解决大学新生心理问题的重要途径是合理有效地引导他们正确地认识社会比较。黎琳和刘伟（2011）从社会比较的方向、个体变量、人格特质以及环境因素等方面探讨了社会比较对青少年行为和心理的影响。胡迪和金一波（2012）采用选择通达模型，经过实证研究，考察了社会比较影响情绪的心理机制，以及不同幸福感水平个体的情绪受社会比较影响的心理机制。社会比较与心理健康的关系研究能够给我们在学校教育中如何正确引导青少年的社会比较带来一定的启发。

个体的社会比较倾向和比较方式有可能成为焦虑、抑郁和妒忌的重要影响因素。焦虑水平不同的个体，社会比较倾向不同，高焦虑的人社会比较倾向高，低焦虑的人社会比较倾向低，中等焦虑的人社会比较倾向中等。黎琳等人（2007）通过实证研究，考察了自尊、社会比较方向和类型对我国大学生社交焦虑产生的影响。张保等人（2009）通过实验研究说明中学生社会比较倾向的高低和比较方式差异影响考试焦虑程度，高比较倾向的中学生考试焦虑水平高。张小丽等人（2012）选择高考生作为被试，考察了中学生的学业社会比较与考试焦虑的关系。

在成功的情况下,具有抑郁倾向的个体和正常人的社会比较结果没有区别,在没有威胁到自我评价的情境中,具有抑郁倾向的人没有明显的自我贬低的比较行为;在失败的情况下,具有抑郁倾向的人的社会比较是消极的、自我贬低的,而正常人的社会比较是相对积极的。陈珊和钱铭怡(1998)通过实证研究考察了具有抑郁倾向的大学生和正常大学生在成功或失败的情况下期望的改变程度和社会比较特点。张雯(1999)通过研究探讨了教学成败情境中具有抑郁倾向的女大学生的社会比较特点。

妒忌的产生通常伴有一定的社会比较,消极的社会比较会使人出现妒忌。当个体注意到与自己差不多的另一个体拥有一些自己渴望却未能得到的事物且这些事物对于个体的自我概念非常重要时,个体就产生了对另一个体的妒忌(Salovey & Rodin, 1984, 1991)。杨丽娴和张锦坤(2008)运用外显的自我报告和内隐联想测验测量了竞争失利后被试对于不同群体(优秀组和一般组)产生的外显和内隐的妒忌。张玉洁等人(2011)阐述了社会比较嫉妒与爱情嫉妒的关系,从情绪体验、行为反应、认知、生理机制等方面对二者的区别进行分析,并基于恋爱关系、社会比较两大背景,对二者的联系进行了探讨。

在教育情境中,学生将自己的学习成绩与参照群体进行比较,以此形成自我知觉,因此,学生在学校环境中不可避免地要进行同伴之间的社会比较。邢淑芬、林崇德、俞国良(2006)采用访谈法探讨了小学学习不良儿童的社会比较特点。结果表明,学习不良儿童会采取各种社会比较策略作为其自我防御机制,来缓解消极的社会比较信息对其积极自我概念的威胁,使其社会比较呈现出自我保护的特点。邢淑芬(2006)论述了社会比较对学习不良儿童产生的大鱼小池塘效应和儿童可能采取的防御性比较策略,为学习不良儿童的教育安置和教育方式提出了建议。张保、徐跃红、赵玉芳、雷丹和孔凡兰(2010)以初中生为实验对象,发现上行学业比较会影响初中生词汇再认成绩,学业成绩的比较方式对后继学习任务也会产生影响。同时,张保、徐跃红、赵玉芳和孔凡兰(2010)通过问卷调查了解了中学生的社会比较特点,发现中学生的社会比较与学业成绩之间存在特定对应关系,教师应有针对性地开展教育。朱晓斌等人(2011)通过问卷测量探讨了初中生成就目标定向、学业社会比较和学业自我效能的关系,学业社会比较在成就目标定向与学业自我效能的关系中发挥着重要的中介作用。作为教育者,我们应尽量减少社会比较对学生的自我概念和价值感所产生的消极影响,指导学生进行合理的个人内部比较和同伴间的外部比较,使他们在自己原有基础上不断地超越自我、提升自我。

3. 社会比较在职业领域的应用研究

社会比较在社会组织中大量存在,社会比较理论可以用来解释社会组织中的现象。我国在职业领域中的社会比较研究主要涉及社会比较与控制感、任务绩效、组织公平、职业倦怠、薪酬满意度、薪酬不公平感等之间的关系。

朱苏丽(2007)运用社会比较理论,分析了组织内部影响薪酬不公平感的社会比较类型与评判内容，利用对比效应与同化效应解释了薪酬不公平感的形成。刘得明和龙立荣（2008）在个体和组织两个层面上，从分配公平和程序公平两个方面来探讨社会比较理论对公平理论研究的启示和借鉴作用。刘旭等人（2009）在社会比较视野下探讨了教育公平。于海波和郑晓明（2009）通过问卷调查法研究了薪酬满意度与社会比较的关系。谢一帆（2010）通过自编问卷考察了农村中学教师社会比较与工作满意度之间的关系。周浩和龙立荣（2010）介绍了公平感社会比较的参照对象选择的基本理论和影响因素。余英（2010）从社会比较角度对"教育越来越不公平"进行了解释。张鹏和周莹（2011）基于社会比较理论视角，采用实证研究方式，探讨了商业银行薪酬激励水平的影响因素。另外，社会比较对职业倦怠的形成有重要的影响，同事之间的比较与职业倦怠的出现有关。

其他领域也有与社会比较相关的研究。例如，刘琨等人（2010）探讨了社会比较对疼痛耐力及疼痛应对策略使用频率的影响，潘晨璟等人（2010）探讨了图式启动和社会比较对女性身体不满意的影响及其调节变量，杨朝清（2008）探讨了社会比较对高职院校毕业生择业心理的影响。

张丽雅（2013）认为，国内社会比较研究日益丰富，当前社会比较研究的领域、对象、方法、侧重点等都发生了改变。总的来看，我国社会比较研究从关注影响因素和理论探究向关注现实情境和应用转变，从使用简单的问卷法向使用精密设备及综合方法发展，从关注情绪、自我评价向关注积极的适应性行为转变，人们尝试通过运用社会比较研究成果来指导个体发展。国内社会比较研究应注意以下三个方面。

第一，社会比较研究应走向本土化。尽管我们对社会比较的认知机制有了一定程度的了解，但是对社会比较的跨文化研究我们还知之甚少。文化的差异导致不同的思维方式，特定的文化使人产生特定的心理形态，使得各国的心理学研究者具有不同的态度和价值观。不同的文化背景和传统必然会对人们使用社会比较的动机和方式产生深远的影响，形成多元的社会比较风格。在进行社会比较研究时，我们应当考虑到不同的传统文化观念对人们社会比较的制约作用。由于西方是个体主义取向，而我国是集体主义取向，中国人更倾向于相互之间的依存而非差异，所以同样的研究在中国可能会得出不同的结论。因此，我们在借鉴国外研究的同时，还应该进行本民族的社会比较研究。

第二，社会比较的研究方法应该多元化。社会比较是一种内隐的心理过程，人们声称的社会比较与其真正的社会比较习惯经常是不一致的。现在的社会比较研究大多数采用自我报告法、虚拟情境故事法等，这些研究方法较主观，研究的信度和效度不高，往往得不到真实、可靠的数据资料。因此，我们应该采用精确的实验设计以及新的实验技术（比如功能脑成像）研究社会比较，以获得更加客观的记录指标。

目前对社会比较内在的认知过程和相应的心理、生理机制的探讨不是很多，在未来随着现代科学技术的发展，人们将有条件对社会比较的生理机制进行研究，利用相关实验设备测量社会比较过程中的心血管活动、反应时以及脑电波的变化等。随着研究方法的日益改进，关于社会比较的认知过程和心理、生理机制的研究将成为具有挑战性的课题。

同时，研究者应该重视社会比较研究的社会价值，更多地在现实情境中进行研究，并且采用追踪研究的方法考察社会比较的长期效果。

第三，社会比较的应用领域应该扩大化。经典的社会比较理论认为，观点和能力都是进行社会比较的重要内容和维度，但是关于观点比较的研究并不多。新的观点是如何形成的，又是如何在大众间传播开来，并逐渐地被大众所接受，这些问题的研究都具有重要的理论价值和实践意义，应受到研究者的重视。社会比较研究已经开始从理论探索阶段向应用阶段发展，社会比较的应用涉及许多领域。社会比较理论有着非常广泛的应用价值，目前的应用研究尚处于起步阶段，很多方面还有待于研究者进一步探索。

费斯廷格于 1954 年提出社会比较理论，至今已经过去 60 多年。这 60 多年来，关于社会比较的理论探讨和实证研究从来就没有停止过。在中国，关于社会比较的研究虽然起步较晚，但近年来的研究数量有增无减。张丽雅（2013）通过中国知网，以"社会比较"为主题查找近 10 年来与社会比较相关的文献，共得到 110 篇：发表在期刊上的文献 62 篇，其中发表在中文核心期刊上的文献 24 篇，发表在一般期刊上的文献 38 篇；硕士学位论文 44 篇；博士学位论文 4 篇。社会比较理论在提出半个世纪后仍然有这么多研究者对其进行研究，足见其影响力和学术魅力。

第二节　认知失调理论

态度改变是社会心理学的一个重要课题。关于态度改变最有影响力的理论之一就是费斯廷格提出的认知失调理论。

一、理论背景

费斯廷格创立这一理论的灵感来源于 1934 年印度发生的一场大地震。地震后，调查者发现灾区之外谣言盛行，说还会有更大的灾难。为什么谣言发生在灾区外而不是灾区内呢？印度心理学家普拉萨德（J. Prasad）研究后认为：谣言不是用来增加恐惧的，而是用来为恐惧辩护的。灾区外的人无法解释自己没有受灾却也感到恐惧，为了给自己的恐惧找个理由，所以产生了谣言。另一位心理学家辛哈（D. Sinha）则对灾区内的谣言进行研究，发现这些谣言都是报喜不报忧，如预告短期内会修复水源等。因为灾区内人们的恐惧已经有理由了，无须再另找理由。这大概是最早的关于认知失调的假设。

一个偶然的机会，费斯廷格读到一篇报道，说某地的一个邪教组织向其信徒们宣布了上帝的旨意：1955 年 12 月 25 日，一场洪水将会摧毁世界，而外星人会驾着飞碟来解救他们，把他们带到安全的地方。关于这个邪教组织，有人说是世界末日教派，有人说是一个叫"追求者"的宗教小团体，但不管怎样，其信徒相信外星人、飞碟之类的东西是存在的。费斯廷格随后和他的学生来到这个地区，"潜伏"在这些信徒中观察他们的行为。结果发现，当那一天到来时，世界并没有毁灭，一些坚定不移、付出了重大代价（如辞了工作、变卖家产等）的信徒不但没有改变对上帝的信仰，反而更加坚定和虔诚，因为他们认为世界没有按原计划毁灭是因为他们迎接死亡的虔诚态度感动了上帝。

1956年，费斯廷格在与他人合著的《当预言失败时》一书中提出了有关认知失调的思想。他认为当领导者的预言失败后，预期落空使信徒们产生了认知失调——"我为某种信念付出了巨大的努力"和"这种信念是不真实的"发生了矛盾。因为先前的行动已经无法挽回，为了减少这种失调感，信徒们只好为自己的信念辩解，接受新的预言——上帝被感动而改变了计划。

费斯廷格认为，要使人们接受一个虚假的预言，有几个条件：首先，预言要符合人们原来的信念；其次，接受预言的人卷入预言相关活动的程度要高（个人卷入的程度越高，为这项活动牺牲得越多，就越相信预言的真实性）；最后，接受预言的人必须有社会的支持，或团体内部成员的相互支持，以相互强化无法证实的信念。这就是所谓的"预言社会心理学"。

1957年，费斯廷格在《认知失调理论》一书中系统地提出了认知失调理论的假设。人的心理包含各种认知元素，它是个体对环境、他人及自身行为的看法、信念、知识和态度。这些认知元素之间的关系可能有三种：无关、失调和协调。"我吸烟"和"我经常看球赛"是两个不相关的认知，"我喜欢足球"和"我经常看球赛"是两个协调的认知，"我大量吸烟"和"吸烟有害健康"是两个失调的认知。

费斯廷格认为，人们为了内心的平和，需要保持认知上的一致性。认知失调会让人内心产生紧张和不愉快的体验。这种心理上的不适将推动人们去努力减少失调，达到协调一致的目的，并且人们会积极地避开可能增加失调的情境和信息。这就是费斯廷格提出的两大基本假设。

一个知道"吸烟有害健康"却又抵制不住烟瘾诱惑的人，如果不采取一些办法解决或减少认知失调，他的内心是无法平静的。费斯廷格认为解决的办法有三种：改变行为，如戒烟；改变态度，如"我喜欢吸烟，我不想真正戒掉"；引进新的认知元素，如"吸烟可以提神"。

费斯廷格还认为，认知失调在强度上是有区别的，失调的认知越多、越重，失调程度就越大。认知失调研究史上最经典的一个实验在1959年展开。为了检测自己的理论，费斯廷格和其助手卡尔史密斯（J. M. Carlsmith）设计了一个精巧的实验（参见第三章第二节）。费斯廷格和卡尔史密斯认为，被试做了一个无聊的活动，却对他人谎称活动是有趣的，得到20美元的被试有很好的外在理由来解释自己的行为，得到1美元的被试却找不到这样的理由——为了1美元而撒谎，这是说不过去的。为了缓解内心的失调感，得到1美元的被试改变了自己的认知——"活动确实是很有趣的，我没有撒谎"。

这就是费斯廷格认知失调理论的一个重要预测，即反态度行为（attitude-discrepant behavior），又叫"与态度不一致的行为"。如果一个人做了与自己的态度不一致的行为，会产生什么结果呢？如果他有充足的理由这么做（有利可图或被迫无奈），就不会体验到太大的认知失调，因此态度改变较小；反之，如果理由不充足，他就会体验到较大的认知失调，从而态度改变较大。

虽然费斯廷格的实验名字中有"强制性服从"的字样，但他其实认为个体的这种服从不是被迫的，而是自由选择的，只能称为诱导性服从。费斯廷格说：如果某个人被诱惑去做或去说某件同他自己观点相矛盾的事，则他会产生一种改变自己原来观点的倾向，以便使自己达到言行一致。用于引发个体这种行为的压力越小，态度改变的可能性越大；用于引发个体这种行为的压力越大，态度改变的可能性越小。后来的研究果然证实了"有选择的自由"是引发认知失调的一个条件。

这一实验曾引起激烈的争论。据说，费斯廷格预料到这个新观点将挑战许多早期理论，因而可能会受到那些理论支持者的批评。为了反击这些批评，费斯廷格对实验组被试撒谎的片段进行录音，由两个并不知情的人各自单独进行评定。统计结果显示，两组被试在撒谎的内容或说服力方面不存在显著差异。因此，对实验结果的唯一解释就是认知失调。

总之，认知失调理论告诉我们，人是理由化（合理化）的动物。人倾向于为自己的行为找到理由，即人总是在自我辩解、自我说服。

二、基本内容

费斯廷格的认知失调理论强调人们具有一种一致或平衡的倾向，是有重要影响的一致性理论。它在理念上有两个重要方面不同于其他的一致性理论。第一，它着重于一般的认知行为，因此，不是一个有关社会行为的理论。第二，与其他的一致性理论相比，它对社会心理学研究的影响力更为巨大。认知失调理论的核心是，认知元素之间可能存在不合适的关系，由此产生了认知失调。认知失调会带来减少失调和避免增加失调的压力，这种压力所产生的结果从认知的改变、行为的改变、选择性接触信息和观点上表现出来。

（一）失调的定义

费斯廷格用失调和协调来表示元素之间的关系。元素就是认知，而认知指的是有关个体自己或所处环境的任何知识、观点、信念或情感。因此，元素是个体有关自己的心理知识。费斯廷格把元素之间的关系分为三类：无关、失调和协调。如果两个元素彼此之间没有什么关系，那么一个元素对于另一个元素就没有什么意义，它们之间就是无关的。如果一个元素对另一个元素意味着什么,那么它们之间就有关系,这种关系或者是协调,或者是失调。

失调是这样来界定的:如果单独考虑两个元素的话,一个元素紧跟着另一个元素的反面,那么,这两个元素就处在失调的关系中。如果两个元素是有关的并且不是失调的,即一个元素紧跟着另一个元素,那么,这两个元素就是协调的。要确定一个元素是否紧跟着另一个元素常常比较困难。

费斯廷格把动机也作为确定失调的一个因素。例如,一个人与一个职业赌徒玩游戏,一直在输钱。继续游戏与对对手的认知是失调的,但如果这个人想要输钱,那么继续游戏就与对对手的认知是协调的。

(二)失调程度

并非所有的失调具有相同的程度。费斯廷格指出,两个元素之间的失调程度是这两个元素对于个体的重要性的一个函数。不论两个元素如何不一致,如果两个元素不重要,它们就不可能引起严重的失调。相反,如果两个元素很重要,它们之间所产生的失调程度就会相当严重。但是,个体不太可能总是只考虑两个元素。任何一个特定元素会与许多其他元素有关,其中一些元素可能与之协调,另一些元素可能与之失调。

费斯廷格认为,元素的集合中完全不存在失调的情况十分罕见。一个特定的元素同与之有关的其他元素之间的整个失调程度,取决于与该元素处于失调关系中的其他有关元素的加权比例。加权比例是指每一个相关关系应该按照所涉及元素的重要性比例来加权。费斯廷格没有提供确定相关关系或重要性的方法。费斯廷格还认为，失调的最大程度等于具有最小抵制力的元素对改变的整个抵制程度，当失调达到这一程度时，该元素就会被改变，失调将减少。

（三）失调的结果

认知失调理论中的两个基本假设指出了失调的一般结果。

假设一，失调造成了心里不舒服，促使个体做出努力以减少失调，达到协调状态。例如，一个人买了一辆新车，而他的朋友认为这辆车差劲，这个人就会产生失调，并努力减少失调。他可以把这辆车卖了（改变一个行为的认知），或者让朋友相信实际上这辆车相当不错（改变一个环境的认知），或者从其他人那里获得对这辆车的良好评价（增加新的认知），从而减少失调。

假设二，当出现失调时，个体不仅努力减少失调，还会主动避免可能增加失调的情境和信息。例如，刚买了一辆别克汽车的人也许不会去看其他汽车的广告。

（四）认知失调理论的应用

费斯廷格的认知失调理论涉及许多领域或情境，对于这些领域或情境的认知行为研究具有非常重要的意义。

（1）决策。费斯廷格认为，失调是决策不可避免的结果。

（2）强迫服从。认知失调理论在强迫服从情境中的应用只限于公开服从但没有伴随内心观点改变的情况。

（3）接触信息。失调引起了对接触信息的选择，个体或者追求产生协调的信息，或者避免产生失调的信息。

（4）社会支持。当个体了解到其他人具有与自己相反的观点时，自己会产生失调。

（五）理论的后期修正

许多研究者都认为，认知失调理论没有指出影响认知失调的一些重要因素，如承诺、意志和责任。一个认知是否紧跟着另一个认知取决于承诺的程度。例如，个体做出一个决定，但又随心所欲地推翻了这个决定，那么他不会产生失调。意志或资源选择也是重要的。要产生失调，个体必须认为自己的行为是自愿的，并且，个体必须对不一致认知所产生的不一致关系感到有责任。例如，个体完成了某种行为，而这种行为产生了他事先没有预测到的消极后果，这时他就有可能产生失调。

基于此，费斯廷格对原来提出的理论进行了修改。他在1957年提出，在决策之前个体面临冲突情境，此时，个体会追求与决策相关的信息，客观地评价这些信息。只有在做出决策之后，个体才会体会到失调，并努力去减少它。决策前的追求和评价信息的行为与决策后减少失调的行为没有什么关系。冲突被认为增加了决策后的失调程度：先前的冲突越大，决策后的失调程度也越大。决策后的失调程度在刚做出决策时达到最大，以后随着时间的推移，失调程度减小。

1964年，费斯廷格从三个方面对认知失调理论进行了修改。第一，他认为决策前的行为也许对决策后的行为有某些影响，尽管这种影响的性质还不是十分清楚。第二，他承认承诺的重要性，认为如果决策确实影响了随后的行为，那么，决策者就对决策做出了承诺，这个决策必须是难以更改的。第三，他改变了有关决策后失调过程的观点。修改后的观点是：紧接着决策后有一个时期，在这个时期内决策者会体验到后悔。这个时期发生在决策之后，但在减少失调的效果显示出来之前。虽然费斯廷格对这一观点的表述并不是十分清楚，但他认为失调和后悔是同时被决策者体验到的。

三、实证研究及支持

　　认知失调理论引发了成百上千的实验研究和现场研究，这些研究试图检测和修正这个理论。1999年的一项统计表明，有2 000多项研究是建立在此理论基础上的。这些研究证实了社会心理学上一个最重要的发现：行为可以改变态度。

　　认知失调理论的支持者显然都是一些积极的探索者，他们对于预测不太明显的结果执着追求，这无疑使认知失调理论得以扩展并享有盛名。

　　认知失调理论高度概括，高度延伸，解释了前人研究结果中的矛盾之处，解决了以前理论无法解决的问题，其假设及对失调过程的解释给人以醍醐灌顶的酣畅之感，对失调结果的解释也使人茅塞顿开。费斯廷格对其理论在决策、强迫服从、接触信息和社会支持等情境中的意义给予了详尽的说明，阐释了个体在这些情境中的失调状况。

费斯廷格的认知失调理论已经成为一个广为接受并且被大量运用的心理学原理。大多数心理学家认为我们的观点和态度由两个基本过程引起：一个是劝说，指由他人积极活动以劝服你改变态度；另一个就是认知失调。这一理论的最大贡献在于它一经提出，立即引起了广大心理学家的浓厚兴趣并激发了大量研究。许多学者包括费斯廷格本人在内，都通过不断的深入研究对认知失调理论进行修改。

不同的研究者从不同的角度确证了费斯廷格的理论。一项有趣的研究让被试评估在一次州长竞选中险胜的当选者和被淘汰者分获的票数（Beggan & Allison, 1993）。结果表明，被试明显高估获胜者的得票数，而且随着时间的流逝，这种效果逐渐增加。根据费斯廷格的认知失调理论，这个结果表明，当一位竞选者的胜出成为事实时，被试的态度与行为之间会达成认知一致性。

另一领域的一项研究发现，在某些情况下，人们确实可能为了较少的回报而工作得更为努力。挪威的研究者发现，在完成简单任务时，获得低报酬的被试要比得到高报酬的被试表现得更加精力充沛（Svartdal & Mortensen, 1993）。这可以用认知失调理论的一个变式来解释，即个体对一项任务难度的认知将取决于个体所获得的报酬数。个体会假设报酬越多，任务也应该越难。

基于费斯廷格的认知失调理论，加州大学的埃利奥特·阿伦森（Elliot Aronson）重点考察如何改变学生的冒险性行为。性活跃的学生被要求制作一盘关于避孕套如何减少感染艾滋病危险的录像带。在制作完录像带之后，一半学生分组讨论为什么大学生要抵制使用避孕套，并引用他们自己不用避孕套的经验。换句话说，这些被试不得不承认他们并不总是坚持刚才录像带中所提倡的观点，他们必须面对自己的矫饰。其他参与制作录像带的学生没有进行以上的讨论。当实验者给所有学生买避孕套的机会时，矫饰组中有92％的学生说他们每次性交时都用避孕套，而另一组中只55％的人这样报告。这里没有要求他们公开承认态度的转变，这是认知失调理论应用的一个典型范例。你越是被迫面对你的信念和行为间的矛盾，你越会感到认知失调，因此你就越有改变行为的动机。作为认知失调理论的积极倡导者，阿伦森强调认知失调理论对于真实生活中改变人们行为的重要性。他解释说：我们大多数人终日进行矫饰行为，因为我们会自我蒙蔽，但如果有人强迫你面对这种行为，恐怕你就无法付诸一笑了。

阿瑟·科恩（Arthur Cohn）的一个实验证实了"说了就会相信"。实验是在一次学生暴乱之后进行的。在暴乱中，警察对学生实施了野蛮行为。科恩要求那些坚信警察的行为很坏的学生写一篇为警察辩护的文章，并在写之前给学生不等的报酬，分别为10美元、5美元、1美元和50美分。学生写完后，科恩再次测量他们对警察行为的态度，结果呈现简单的线性：报酬越少，态度改变越大。

米尔斯（Mills）用六年级学生做实验，证实了"做了就会认可"。他首先测量学生对作弊的态度，然后让他们参加一个获胜有奖但不作弊就不可能获胜的竞赛。一些学生作弊了，另一些没有作弊。第二天米尔斯再次测量学生对作弊的态度，发现作弊的学生对作弊的态度比昨天更宽容，而没有作弊的学生恰好相反。

1956 年，布雷姆（Brehm）做了一个简单而有趣的实验，证实了一个人"选择了就会欣赏"。他给一些女大学生看八件不同的物品，请她们按照自己的喜好程度对它们排出等级。作为奖励，他从八件物品中拿出两件让她们任选一件。几分钟后，让她们再次排序，发现每个人都提高了自己选择的物品的等级，而降低了那个自己没有选择的物品的等级。1968 年，两位研究者研究赌徒，发现已经下注的人明显比未下注的人更多地认为自己会赢。当一个人的决定不可挽回时，他会更加肯定自己的决定是正确的。

1959 年，阿伦森和米尔斯证实了"付出了就会喜欢"。研究者让自愿加入某个团体的女大学生经历一个入会程序：一组被试要大声朗读一些猥亵的词语，另一组被试只要朗读一些相对温和的词语，最后一组没有经过任何程序。然后，研究者让她们听一个枯燥乏味的讨论会并做出评价。结果发现，那些毫不费力加入团体的被试认为该讨论会是枯燥乏味的和浪费时间的，而经历"严格考验"的被试则认为它是有趣的和有价值的。杰勒德和格罗弗·马修森（Glover Mathewson）的一个实验也得到了类似的结果，只不过他们让被试付出的努力不是高声朗读猥亵的词语，而是经受电击。阿伦森说，如果一个人为了实现某个目标经受了一次困难或痛苦的体验，那么这个目标会变得更有吸引力，因为人会为自己的努力辩解。

对邪恶和残酷行为的研究证实了"伤害了就会讨厌"，人们会为自己的残酷行为辩解。也就是说，我们不仅伤害那些我们不喜欢的人，同时也不喜欢我们伤害的人。认知失调会导致攻击者去贬损受害者。残酷的行为会侵蚀行为者的良心。但也有研究表明，如果攻击者相信受害者会采取报复，就不会去贬低受害者。

1963年，阿伦森等在哈佛大学幼儿园做了一个实验，证实了轻微的惩罚比严厉的惩罚更能有效改变儿童的态度。他认为，在轻微的惩罚之下，儿童行为的改变显得"理由不足"，因此儿童会产生认知失调，从而调整自己内心的态度。乔纳森·弗里德曼（Jonathan Freedman）在1965年的一项实验中证明了这种效果可以持续几星期之久。

1966年，弗里德曼和斯科特·弗雷泽（Scott Frazier）证实了登门槛效应（foot-in-the-door effect，又叫得寸进尺效应）。他们力劝一些人在自家门前竖一块大而难看的牌子上面写着"小心驾驶"，只有17％的人照办。后来，他们先请人们在一个安全驾驶的请愿书上签名——这是很容易的事，所有人都照办了。几周后再请这些居民竖牌子，成功率提高到55％。这和认知失调有什么关系呢？研究者解释说，帮助别人的行为会让个体内心产生一种信念（比如"我是一个善良的人"），为了保持前后一致，个体无法拒绝更大的要求。

阿伦森对费斯廷格的认知失调理论进行了修正，他提出：在自我受到威胁的情况下，认知失调是最强的。在一个实验中，阿伦森让被试录制一盘赞成使用大麻的讲演录像带，同时给被试很少的报酬。按照费斯廷格的理论，这些被试对大麻的态度应该有较大的改变。但实验证明：当被试相信这个录像要放给对大麻态度不明确的观众看时，被试的态度发生了较大的改变；当被试得知这个录像要放给坚定地反对使用大麻的观众看时，他们的态度只有较小的改变。阿伦森认为，被试在相信自己的谎言会伤害他人时，才会产生较大的认知失调。

1979年的一项研究认为，"可预见后果"是产生认知失调的一个条件。但1974年的一项研究发现，"对后果的责任感"是一个更重要的因素：如果个体感觉自己应当对后果负责，则无论这些后果是否可以预见，个体都会产生认知失调。1989年，有学者认为"对后果的责任感"甚至超过了反态度行为：如果个体的行为导致消极后果，而自己又必须对后果负责，则无论该行为是不是反态度行为，个体都会产生认知失调。1992年的一项研究表明，不可变更的承诺会引发认知失调。还有研究认为，认知失调与个体的自尊水平有关。

认知失调还会影响人的生理和动机。布雷姆报告了一系列的实验，发现自愿经受饥饿和干渴的被试对饥渴的生理反应变小了。被试找不出外部理由来解释自己为什么要经受这些痛苦，认知失调成功地让他们的身体相信自己并不那么痛苦。做了著名的斯坦福监狱实验的美国心理学家、《心理学与生活》的作者菲利普·津巴多（Philip G. Zimbardo）在实验中让被试经受电击，发现高度失调的被试对疼痛的生理反应变小了。

1984年，库珀（Cooper）和费兹奥（Fazio）总结了各种意见，提出从认知失调到态度改变必经的四个步骤：反态度行为必须导致让个体不快的消极结果，个体必须对消极结果承担责任，生理唤醒（physiological arousal）是认知失调过程中必不可少的成分，个体必须意识到唤醒和行为的因果关系。具体如下。

第一步，态度上的矛盾必须产生人们不愿有的消极影响。在费斯廷格和卡尔史密斯的实验中，被试不得不对同学撒谎以说服他们参加一个非常枯燥的实验，这样就产生了所要求的消极影响。这也解释了为何当你恭维某人衣服漂亮而你其实对其根本无法容忍时，你对衣服的态度不会改变。

第二步，被试必须对这种消极影响产生责任感。通常这涉及一个选择问题。如果你自己对消极结果做出态度改变的选择，你就会体验到认知失调。然而，如果某人强迫你那样做，你就不会产生对行为的责任感，因而也就不会产生认知失调。虽然费斯廷格和卡尔史密斯的文章标题有"强制性服从"的字样，但被试实际上还是相信自己的行为出于自愿。

经证实，生理唤醒（第三步）也是认知失调过程中一个必要的组成部分。费斯廷格认为认知失调是一种不适的紧张状态，它驱使我们改变态度。研究表明，当被试自由地表现出态度上的矛盾时，他们确实有生理唤醒的体验。费斯廷格和卡尔史密斯没有测量被试的这一指标,但我们可以肯定,生理唤醒确实出现了。

最后,也就是第四步,被试必须意识到,生理唤醒是由态度上的矛盾引起的。在费斯廷格和卡尔史密斯的研究中,被试所感到的不适应该归因于自己对同学撒谎了。

四、质疑和批评

在所有的一致性理论中,费斯廷格的认知失调理论最负盛名,但也受到最多的抨击和质疑。这是由于认知失调理论威胁到了一些心理学家所推崇的理论,它的一些预测与被广泛接受的一些理论观点(如强化理论)相悖,从而引发了许多消极的反应。从这一点上来说,它又是最不受欢迎的理论。

其中有两种反对观点较有影响:一是以罗森伯格等人为代表的强化观点,二是以达赖尔·贝姆(Daryl Bem)为首的自我知觉观点。争论主要围绕着不充分合理化实验展开。

认知失调理论直接挑战了行为主义的强化理论。持强化观点的心理学家认为,个体的态度是由他所得到的奖赏数量决定的。个体喜爱某一事物是因为该事物给他带来较多的奖赏,对没有奖赏的事物自然不喜欢,这其中不存在认知失调及其影响。然而,不充分合理化实验得出了相反的结果(因活动而得到较少的酬赏反而让人更喜欢这个活动)。罗森伯格等人批评不充分合理化实验在方法上有问题,并在1965年重新设计了一个与科恩的实验类似的实验,得出了与费斯廷格相反的结果:态度的改变与报酬的多少成正比。

这个实验结果一度引起了混乱。后来达温·林德（Darwen Lynd）等人发现，这两个实验有一些细微的差别：在科恩的实验中，被试一开始就知道，如果不愿意可以不写；在罗森伯格的实验中，被试在同意之前并不知道要做什么，直到任务开始时才知道要写一篇与自己信念相反的文章，已经无法反悔了，这是"被迫无奈"的，所以不会产生认知失调。

这个发现启发了林德和他的同事们。他们在1967年做了一个实验，在实验中系统地改变被试的选择自由，证实了"有选择自由"是产生认知失调的必要条件。

对认知失调理论的真正挑战是1972年心理学家贝姆提出的自我知觉理论（self-perception theory）。自我知觉理论接受不充分合理化实验所获得的结果，但不赞成用认知失调观点所做的解释。该理论认为，人会像观察别人一样观察自己的行为，通过对自己行为的感知来建立自己的态度。比如，对费斯廷格等人的强制性服从实验的结果，可以这样解释：为什么只得到1美元的"我"会去做那些无聊的活动呢？原因就是"我"喜欢这个活动！通过观察自己的行为来确定自己的信念和态度，贝姆称之为自我参考或自我判断的过程。

贝姆指出，个体评价自己对某事物的态度与评价他人对该事物态度的方式是一样的，个体作为观察者，观察自己或他人的行为，以推论出自己或他人对该事物的态度。个体对别人说绕线工作有趣，并得到少量的钱，这时他会从观察者的角度评价自己对绕线的态度：既然在得到很少好处的条件下说了此话，则自己对绕线的态度是喜爱的；反之，若是在得到较多好处的条件下说绕线有趣，则自己并不喜欢绕线，只是为得到好处。这种解释否定了认知失调理论。

有一个流传甚广的小故事：一个老人的住处常被一群调皮的孩子骚扰，他们恶作剧地大喊大叫，老人屡禁不止。有一天老人告诉孩子们：我喜欢你们的声音，请你们继续大声地喊叫，我可以付给你们25美分。于是他们卖力地喊叫着，而老人也兑现了承诺；下一次老人借口说经济拮据只能付10美分，他们感到不满；最后老人把"薪水"降为0，孩子们从此再也没有去打扰过老人。

这个故事的寓意是：附加的外在理由会取代人的内部动机而成为行为的动力，使行为由内控转向外控。这就是过度理由效应（over-justification effect）。有的学者认为，这是认知失调理论的一个预测。事实上，国内学者普遍用认知失调理论来解释过度理由效应，但心理学家戴维·迈尔斯（David G. Myers）则认为过度理由效应是自我知觉理论的一个推论，并认为认知失调理论不能解释它，因为在有报酬的情况下去做自己喜欢的事不应唤起高度的紧张感。

心理学家爱德华·德西（Edward Desi）做了一个实验，证实了过度理由效应。他让大学生们单独解一些有趣的智力难题。在实验的第一阶段，所有被试都没有奖励；在第二阶段，实验组的学生每完成一道难题就得到1美元，对照组的学生依然没有奖励；第三阶段是休息时间，学生可以随便做什么。德西发现，无奖励组的学生比奖励组的学生花了更多的休息时间在解题。奖励组的学生在有奖励的阶段十分努力地解题，在没有奖励的休息时间则表现出解题兴趣衰退，相反，无奖励组的学生在休息时间表现出解题兴趣有所增加。德西认为，外部奖励抑制了学生内心的喜爱。

1979年，马克·莱珀（Mark Lepper）和戴维·格林（David Green）用学龄前的儿童做实验，发现了类似的结果。他们"劝诱"实验组的儿童玩一套玩具，奖赏是答应儿童以后去玩一个更有趣的游戏；他们也让对照组的儿童玩玩具，但未提起游戏的事情。在儿童玩了玩具后，他们允许所有的儿童去玩更有趣的游戏（请注意，只有实验组的儿童才认为这是对玩玩具的一种奖励）。几周后，再让这些儿童自由玩玩具，结果发现实验组的儿童对玩具的兴趣小于对照组的儿童——对儿童玩玩具加以奖励反而使他们把这种游戏看成了工作。

自我知觉理论比认知失调理论更简单，并且似乎同样可以解释认知失调理论能够解释的所有结果。在这个理论中，认知失调机制被取消了。对照"奥卡姆剃刀"原则，这是一个更好的理论。有人认为这个理论的疏忽在于：当事人比旁观者有更多的信息。因为当事人在行动之前了解自己的态度，而旁观者事先不了解当事人的态度。贝姆则说，其实通常我们并不真正了解自己的态度，只能通过行为和情境来推断。但有研究表明，当旁观者事先了解当事人的态度时，贝姆所说的结果没有重现。同时，按照认知失调理论，认知失调者经受了内心的不安状态，而按照贝姆的理论，则不存在这个不安状态。

现在许多心理学家认为，两种理论都是正确的，但各自适用范围不同：当人的态度明确时，认知失调理论更适用，它可以解释态度的改变；当人的态度不明确（还未完全形成）时，自我知觉理论更适用，它可以很好地解释态度的形成。不管怎样，认知失调理论被称为态度改变领域最有影响力的理论是当之无愧的，正如心理学家理查德·佩蒂（Richard Petty）所说的：其他任何理论都不能像认知失调理论那样攫住社会心理学家的想象力，而且它还会继续激发有趣的新研究。

特德斯基（J. T. Tedeschi）等人提出了印象管理理论（impression management theory），他们认为该理论也可以替代认知失调理论。他们认为，用单一假设可以更有逻辑地解释认知失调现象，这个假设就是：在认知失调实验中的被试都在管理他们留给实验者的印象。言语和行为相一致提高了个体的可信度，使他能够成功地影响其他人。特德斯基等人认为，只有当个体认为其他人知觉到自己的不一致时，矛盾的认知才使个体感到不舒服。

针对认知失调研究中的强迫服从现象，纳丁（H. G. Nuttin）提出了反应传染理论来替代认知失调理论。从纳丁的观点来看，当个体要做出两个评价性反应时，如一个是强迫服从反应，另一个是对态度量表的反应——表明其真实态度，如果两个反应在时间上是相当接近的并且第一个反应受到扰乱，那么个体就会发生反应传染。当个体遇到没有预料到的对待，或遇到不希望的对待时，个体就处于激起状态，扰乱就产生了，当时正在进行的任何反应就得到了加强。于是第一个反应传染到第二个反应，第二个反应产生了与被扰乱反应相一致的方向上的偏移。

当然，针对上述一些替代理论的后继研究产生了许多结果。例如，研究者针对贝姆和特德斯基的批评，着重探讨了在认知失调情况下个体是否产生了不舒服的心理紧张状态，是否有激起状态的存在。帕拉克（Pallak）和皮特曼（Pittman）根据公认的学习心理学中的驱力水平和任务复杂性之间的相互作用原理对此进行了检验。这个原理是：与低驱力条件相比，高驱力条件下的被试在完成简单的任务时绩效比较好，在完成复杂的任务时绩效相对较差。他们让一部分被试处于高度认知失调情境中，让另一部分被试处于低度认知失调情境中，然后让被试完成简单的和复杂的任务。结果表明，高度认知失调情境中的被试在完成简单任务方面比低度认知失调情境中的被试好，而低度认知失调情境中的被试在完成复杂任务方面比高度认知失调情境中的被试好。1974年赞纳（Zanna）和库珀（Cooper）的研究以及1977年沃特曼（Waterman）的研究都证明了认知失调是一种激起状态。

五、小结

认知失调理论在内容上是简单的，在逻辑上是一致的，涵盖范围广，人们根据该理论提出了一系列可以检验的假设。正由于内容简单和范围广泛，该理论难免粗疏。认知失调理论的主要问题在于不恰当的定义、激起问题、减少认知失调的多重模式和过分简化。定义的模糊性主要围绕着元素、不一致、关系、关联等几个概念。另外，引起认知失调的因素在费斯廷格的理论中没有得到明确的阐释，该理论也没有详细说明激起认知失调所需要的确切环境、动机状态的性质等。同时，认知失调理论没有说明运用某种特定方法减少认知失调的条件，而且也没有提到个别差异问题。认知失调理论的过分简化则体现在没有考虑一个理论可以适用的情境中的相关变量。

长久以来，费斯廷格的认知失调理论一直被社会心理学界乃至心理学界奉为经典，但有关这个理论的跨文化研究尚不多见。个体的认知失调是否会受到文化差异的影响？也许在某些情境下会出现这样的情况，在西方文化背景下出现认知失调而在东方文化背景下没有造成认知失调。

虽然认知失调理论受到的评价褒贬不一，然而，它的最大贡献在于激发了大量的研究。它使众多研究者去澄清、说明、探索、应用和扩展这个理论的概念、假设和原理。反对意见和相应的实验证据引起了支持认知失调理论的心理学家对理论本身更深入细致的研究，这些研究丰富了支持认知失调理论的实验证据，并且从理论上探讨了认知失调理论适用的领域和条件。由争论引起的各种研究对社会心理学的作用是突出的，它们极大地促进了研究方法的发展和改善。认知失调理论经历了幼儿期和青年期，走向成熟。它依然存在巨大影响，我们依然能从后继的许多社会心理学理论和研究中看到它的身影。

第六章 费斯廷格人际关系思想应用案例分析

本章将介绍费斯廷格人际关系思想的应用案例,重点剖析认知失调理论和决策后失调在组织管理和决策中的作用机制,分析其人际关系思想的应用范围和实际价值,以帮助读者深入理解费斯廷格人际关系思想的独特见解和学术思想。

第一节　决策后失调在组织管理中的应用[1]

一、基本资料

费斯廷格的《不足报酬的心理效应》一文于1961年发表在《美国心理学家》杂志上。他花了四年时间来研究不足报酬（insufficient reward）。在一项调查中，他发现不足报酬或零报酬最后能引起个体对工作的极端喜爱，并认为做出牺牲的感觉会让个体更加喜欢这项工作。

费斯廷格以白鼠为实验对象，让白鼠来回跑动，但是只给它很少的报酬或不给报酬。结果发现，只要不允许白鼠改变自己的行为，白鼠似乎就表现出对困难处境的喜爱，这种喜爱又成为白鼠继续跑动的动力。

费斯廷格还发现，人在为一种不足报酬做出决策后，认知失调会让其肯定自己的决策。这就是决策后失调（post-decision dissonance）。简言之，选择了就会欣赏。在《不足报酬的心理

---

[1] 编译自 Festinger, L. (1961). The psychological effects of insufficient rewards. *American Psychologist*, 16(1), 1-11. 易文婷翻译，钟毅平整理并审校。

效应》中,费斯廷格写道:"不足报酬的确会导致对工作的偏爱,这种现象至少在白鼠身上可以观察到。这种偏爱似乎具有颇为温和的特性,但是在报酬较少或延迟支付的情况下,这种偏爱效应的程度足以解释其继续从事这项工作的倾向。"

二、问题分析

费斯廷格首先指出,由于心理学长期关注报酬对构建、维持行为模式的重要性,因此,一些颇具创新的理论家开始用报酬来解释看似无报酬情境下的行为。例如,有机体在受挫或受伤后仍能持续表现出自愿行为,有人对这种现象的解释是挫折或痛苦的中断是有报酬的,这种报酬加强了表现行为的倾向。费斯廷格并不认同这种解释,他认为这种解释不仅没有必要,而且会造成误导。

人类的思维是一种貌似合理但充满奇幻色彩的奇特混合物。例如,某人知道某个事件即将发生,并且他能对此事件做好充分的准备。在此情况下,此人对这一即将发生的事件做任何必要的准备都是合理的。但是,人类的思维同样也会反向工作。某人设法为未来可能发生的事件做准备,那么,此人会说服自己相信这一事件非常有可能发生。这一心理过程并无貌似合理的解释,相反,它有着魔幻的特质。

费斯廷格简要地介绍了雅利安(Aryan)的实验。实验者以考察学生应试学习的方式为托词来掩盖实验目的,要求被试(高中生）为可能的考试学习某些符号的定义。被试被分为两组。实验者分发给一半被试一份符号定义清单，告诉他们这些符号是考试内容，他们只需要熟悉这些符号。这个组为简单准备组，也就是说，被试在考试之前不需要做太多的努力。另一半被试没有这份符号定义清单，所以他们必须在考试之前牢记所学习的所有符号及其定义。这个组为努力准备组，也就是说，被试在考试之前需要付出相当大的努力。

实验开始时，实验者非常小心地告诉每个被试，并非所有的被试最后都参加这项考试，实际上只有半数的被试将参加此项考试。究竟谁会参加，则取决于实验者与被试的任课教师商量的结果。实际上，参加考试的被试在实验开始之前已经确定，因此，实验中发生的任何状况都不会影响被试是否参加考试。

被试学习完符号定义清单后，预测自己有多大的可能会参加随后的考试。结果清楚地显示，努力准备组普遍认为自己更可能参与随后的考试。换句话说，实验引导被试付出更多的努力，使得他们相信此件事情更有可能发生。

接下来，费斯廷格通过实例阐述了不足报酬的心理效应。考虑到部分被试会被某目标所吸引，我们有理由相信这些被试为了达到目标愿意付出更多的努力、忍受更多的痛苦。但是，有人再次发现相反的推理过程。也就是说，如果某人为了达到某些平常的目标而付出更多的努力、忍受更多的痛苦，那么他会说服自己此项目标非常有价值且令人向往。阿伦森和米尔斯（Aronson & Mills，1959）的实验证明了这一点。

他们所采用的被试是自愿参加小型研讨会的女大学生。主试告诉每个参与实验的被试，她们将被分配到一个正在进行讨论的团队中，这个团队正好有一个成员流失。因为替补的成员必须能够自由而开放地在团队中进行讨论，所以新进的成员必须通过主试的考试。一部分被试接受简单而无难度的测验，另一部分被试接受开放式、困难的测验。随后主试告诉每个被试，她们表现良好并被允许加入这个团队。因此，一部分被试很容易就获得了准入机会，而另一部分被试获得准入机会则相当难。

每个被试在一个独立的房间采用内部互相通信的方式进行讨论。每个房间配备一套麦克风和耳机。主试告诉被试因为其他成员已经开始讨论，所以她最好先聆听而非马上参与讨论。当然，她可以全程参与下一次讨论。主试通过麦克风向团队中的其他三个女孩介绍这个被试。然后主试切断麦克风的通信，给被试佩戴耳机。之后被试聆听 25 分钟录音带，内容是无趣而迟疑不决的讨论。所有的被试聆听同一盘录音带，并误以为自己在参与一场真实的在线团体讨论。

讨论结束后，被试填写反馈表。这份反馈表包括一系列的问题，如：你认为这个讨论的有趣程度如何？你对于团队中其他成员的喜欢程度如何？结果和预期一致，和轻易被团队接受的被试相比，付出较大努力而获得团队认可的被试认为讨论更加有趣，并更加喜欢团队中的其他成员。换句话说，我们看到了和前一个实验中相同的操作过程。如果某人为了获得某物而必须忍受困境，那么他会说服自己相信这项目标很有价值。

费斯廷格所介绍的这两个例子都发生在有机体拥有两种不兼容的信息或认知的情况下。在第一个例子中，两种不兼容的信息是：（1）我非常努力地为此事做准备；（2）这件事不太可能发生。在第二个实验中，两种不兼容的认知是：（1）我为达到这个目标忍受了痛苦；（2）这个目标并不太吸引人。两种信息的不兼容关系叫作不和谐关系（Festinger，1957）。如果目标非常吸引人，那么人们更愿意为了达到它而忍受痛苦；如果目标没有吸引力，那么人们不会为了达到它而忍受痛苦。这就解释了为什么两种认知的失调关系为有机体如何对它进行反应提供了明确的预测线索。有机体如果要试图减少两种认知的失调，则可采用两种方式：其一，试图说服自己忍受的痛苦并不真实；其二，试图说服自己目标非常具有吸引力。

在阿伦森和米尔斯的实证研究中，所构建的失调随着目标价值的提高而减小。这就意味着人们可能渐渐喜欢自己付出很多努力和克服众多困难而达到的目标。从另一方面来看，人们可能对报酬不足的活动渐渐产生积极的评价。

我们将更加细致地分析这一情况。我们关注两种认知之间的失调：一种认知是有机体关注自己的行为，即自愿做某些事，或避免做某些事；另一种认知是关于环境或关于行动的结果，即获得的报酬不足。正如前面我们提到的一样，如果有机体能够说服自己喜欢所表现出来的行为或增加行动结果的价值，那么失调将可能减少。

当然也存在其他的方式来减少失调，即有机体通过改变行为来减少失调。也就是说，若报酬不足，有机体会拒绝再次行动。这意味着减少失调是有机体最常采用的方式。如果一个人获得的信息与自己的行为失调，他通常会调整自己的行为以适应周边的环境。但是，现在我们只考虑有机体不能采用减少失调来适应环境的情况。也就是说，只考虑即使失调存在，有机体仍然被引导持续从事这项活动。在这样的情况下，我们期待能够采用先前提到的两种减少失调机制中的一种。如果思考上述心理过程的行为结果，那么我们可以发现，有机体的抗拒削弱程度（resistance to extinction）在部分报酬情况下比在全部报酬情况下要大。

让我们想象一只饥饿的动物沿着跑道疯狂地冲向所谓的目标盒子，却发现盒子里面什么都没有。盒子里没有食物的认知与它费力冲向目标盒子的认知失调。如果这样的事件不断重复，众所周知，这只动物会拒绝冲向目标盒子来减少失调，也就是说，它会改变它的行为。但在部分报酬条件下，受骗的动物不断冲向目标盒子，因为部分情况下它可以获得食物。但是，在每个无报酬的试次中，失调则会出现。失调减少的过程使得动物逐渐形成一些额外的偏好，这些偏好要么指向活动，要么指向目标盒子。相对而言，每次获得报酬的动物并不会形成这种额外的偏好。

接下来，我们考虑报酬消失的情况。除了认识到食物不再出现以外，部分报酬情况下的动物在停止冲向目标盒子时还必须克服自己的额外偏好。我们期待部分报酬情况下的动物比获得报酬较多的动物更容易存在"消失"感。

如果这种解释是正确的，那么失调减少的过程会直接导致部分报酬情况下的有机体对报酬消失的抵抗。当然，这种推理同时可以延伸到其他的条件。任何在训练阶段存在的失调都可能增加有机体对报酬消失的反抗，因为其中涉及同样的减少失调的操作过程。

但是，我们需要更精确地了解在实验练习阶段何种程序会让有机体产生失调。费斯廷格在操作上采用更精确的方式进行定义，并在单一条件下对有机体进行测试。以白鼠实验为例，在装置的起点上动物可以选择左转或右转。接受测试的白鼠非常饥饿，无论它的选择是什么，都会得到食物。我们可以每次改变一个因素来考察有机体通常所避免的行为。当然，这些因素会导致有机体不会选择其他选项。如果上当的有机体持续地进行包含此项因素的活动，那么失调将会出现。

这听起来非常复杂，所以费斯廷格采用更简要的方式进行解释。主试采用简单的左右选择装置来测试白鼠，不论它的选择是左还是右，它都会获得食物。但是，如果它选择左转，就必须游过水路获得食物，而选择右转就能轻易获得一些食物。在这样的情况下，动物会一贯地选择向右转，以避免游过水路。对于拥有这种认知行为的白鼠，我们可以做出如下论断：如果把白鼠置于游过水路的条件下，失调就会产生。

回忆之前所提到的失调减少的情况（条件是能够成功欺骗有机体持续从事这项活动），我们能够得到如下结论：若动物能够避免上述的任意实验条件，那么它在无选择条件下会增加对报酬消失的抵抗。

我们再考虑延迟强化的问题。在立即获得报酬和延迟获得报酬之间进行选择时，白鼠一贯会选择立即获得报酬的条件。我们可以预料，在无选择条件下，延迟报酬会导致白鼠对报酬消失更强烈的反抗。克拉姆等人（Crum，Brown，& Bitterman，1951）、斯科特和维克（Scott & Wike，1956）都发现延迟试次的白鼠比无延迟试次的白鼠表现出对报酬消失更多的抵抗。维克和麦克内马拉（Wike & McNemara，1957）在实验中采用了延迟试次比例不同的三组被试，发现延迟试次比例越大的被试表现出对于报酬消失更多的抵抗。菲勒（Fehrer，1956）的实验得到了相同的结果，他将20秒延迟组与无延迟组的白鼠进行差异比较，同样发现了延迟结果增加了白鼠对报酬消失的抵抗。

费斯廷格考察了努力的问题。如果仔细考虑假设的实验情境，我们可以发现在无须努力而获得食物和付出努力而获得食物两种选择上，饥饿的动物会逐渐选择无须努力的途径。因此，这与我们对失调和失调减少的分析一致，即习得阶段付出很多努力的有机体才会增加对报酬消失的抵抗。

费斯廷格反复表明，在部分报酬条件下的无报酬试次中，动物在发现无食物时会产生认知失调。当然，认知失调的程度是可变的。认知失调的程度决定了对报酬消失所产生的抵抗的大小。

先前人们普遍认为对报酬消失的抵抗主要受报酬比率的影响。也就是说，报酬试次的比率越小，对报酬消失的抵抗就越大。但是，因为失调产生于无报酬试次，所以有关报酬消失主要受无报酬试次的数量而非无报酬试次的比率的影响的观点也是合理的。谢菲尔德（Sheffield，1949）在实验中采用了30个试次（其中有15个无报酬试次），发现报酬消失反应在部分报酬试次和完全报酬试次之间存在较小的差异。威尔逊等人（Wilson，Weiss，& Amsel，1955）、路易斯（Lewis，1956）几乎完全复制了谢菲尔德的实验，也发现上述微弱的差异，并需要通过协方差分析来使得差异显著。但是，温斯托克（Weinstock，1954）采用相似的装置、75个练习试次，发现了显著的差异。

通常，部分报酬表现出微弱效应的实验只采用了较少的试次。不同实验者得到的实验数据因为某些原因而存在较大的差异。这个问题相当重要，所以费斯廷格认为需要通过研究来回答这个问题。

三、基本过程

费斯廷格的研究在实验设计上非常简单，并且与以往所做的有关部分报酬效应的研究差异不大。研究者主要关心无报酬试次绝对数量的效应，并且将这些效应从报酬比率的效应中分离出来。研究者对不同的被试分别采用了四种不同的无报酬试次：0次无报酬试次、16次无报酬试次、27次无报酬试次和72次无报酬试次。详见表6-1。

表6-1 部分报酬实验中初始训练后的试次数

报酬安排	无报酬试次数			
	0	16	27	72
33%		24	40	108
50%		32	54	144
67%		48		216
100%	0 54 216			

研究者通过改变不同数量的试次，建立了不同比率的报酬条件。当然，0次无报酬试次组是无法改变报酬比率的。表6-1显示了整体的设计，单元中的数字显示了每种条件下初始训练之后的总试次数量。在初步训练阶段，所有的组都采用100%的报酬。每种条件下有11~16只动物。需要说明的是，研究者没有在67%的报酬比率中采用27次无报酬试次。原因很简单，这种条件并不非常重要。同样需要说明的是，0次无报酬试次同样采用了三个组，所有的试次放在一起。

四、实验结果

图6-1显示了实验的结果。图中每个圈代表每种实验条件下的结果。空心圆圈代表最少试次数。因此，除了0次无报酬条件组，空心圆圈代表33%的报酬比率。实心圆圈代表总试次最大

数，因此，对于部分报酬组来说，代表了67％的报酬比率。

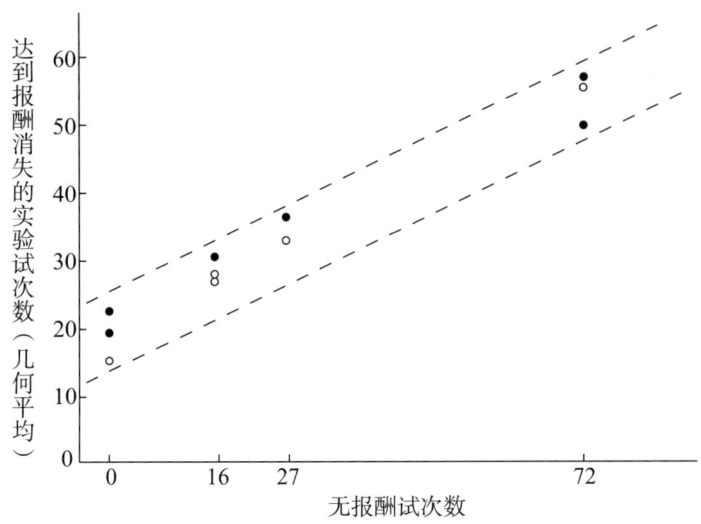

图6-1 部分报酬后达到报酬消失的实验试次数

上述数据非常清晰地显示，在无报酬试次数保持恒定的条件下，不同的报酬比率引起的差异较为微弱。从另一方面来看，无报酬试次总数的变异显著。实际上，从这些数据来看，唯一影响部分报酬后对报酬消失抵抗的变量是无报酬试次数。因此，这个实验的结果与费斯廷格的认知失调理论非常一致。

这些数据很振奋人心，但是缺乏概括性，因此我们需要找到更多支持无报酬产生额外偏好的证据。但是，部分报酬的条件不太充足。费斯廷格的理论说明了报酬试次和无报酬试次有不同的心理过程。在部分报酬的条件下，动物经历了两种试次，因此，研究者不能直接分离这两种试次的效应。当然，这种可能性还是存在的，因为动物增加对报酬消失的抵抗多少需要依靠报酬试次和无报酬试次之间复杂的交互作用。

因此，比较纯无报酬条件和报酬条件非常重要。也就是说，研究者要能够比较两组动物对报酬消失的抵抗，一组动物通常能够在特定的位置得到报酬，另一组动物从未在这个位置得到报酬。当然，这种方法存在一个技术难题，也就是如何引导动物不断跑向无报酬的位置。但是，这个问题可以通过引入一个变量，也就是通过延迟报酬实验来解决。在他人的帮助下，费斯廷格进一步做了一系列实验。

费斯廷格采用的装置包括一个终点箱、一个中点箱以及一条跑道。动物从起点通过跑道到达中点箱，然后通过另一条跑道到达终点箱。一组白鼠每个试次都会在中点箱和终点箱获得食物。我们把这组称为100%报酬条件。另一组白鼠在中点箱从来不会获得食物，相反，延迟同样的时间，它们在终点箱会获得食物。我们称这组为0报酬条件。 100%和0的报酬设计参照中点箱的报酬。每组动物每个试次都会在终点箱获得报酬，这也可以引诱0报酬组的白鼠不断地跑向一个从未获得报酬的位置。

这种考察报酬消失的实验程序与通常所采用的延迟报酬的实验程序有一些差异。比较两组动物跑向中点箱的意愿是费斯廷格所感兴趣的，因此，他只在从起点到中点箱采用报酬消失试次。在报酬消失阶段，两个组的条件都是没有食物呈现，且一小段时间过后，动物均回到它们的饲养笼。因此，这个实验能够更好地比较报酬和无报酬的效应。图6-2显示了两组动物在报酬消失阶段的平均奔跑时间。

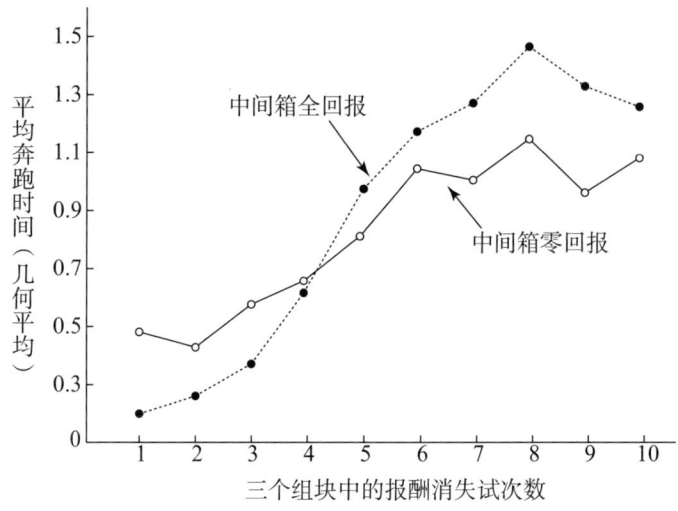

图6-2 报酬消失阶段的奔跑时间（单中间箱）

从图中可以清楚地看到两组动物之间有显著的差异。在中途可以获得食物的动物开始的速度非常快，但是速度降低得非常迅速，而在中途不能获得食物的动物正好表现相反。事实上，在第四个和第五个试次组块之间，这两条曲线交叉，且未获得报酬的动物比获得了报酬的动物跑得更快。

无报酬增加了对报酬消失的抵抗，用报酬和无报酬之间的交互作用来解释部分报酬效应显然站不住脚。

报酬不足或者无报酬会造成失调的结果。只要有机体避免改变行为，则会通过发展其他额外的偏好来减少失调。额外偏好的存在导致了动物在报酬消失试次中强烈的继续奔跑倾向。如果这个解释是正确的，则额外偏好效应在进食动机被移除后仍然存在。于是，费斯廷格对实验进行了修改。习得和报酬开始消失之间相隔三天。在这三天内，饲养笼中都有食物，所以当报酬消失试次开始时,动物们都能获得食物。在报酬消失期间,饲养笼中同样有食物。另外,在中介变量介入期间,每个动物在终点箱内均得不到食物。

当然,报酬消失试次是从起点到中点箱,每天进行三个试次。图6-3反映了报酬消失阶段前十天的结果。本次结果与先前的结果类似,或者说更为显著。在中点箱获得食物的动物在开始阶段的速度相对较快,随后速度逐渐降低。在中点箱未获得食物的动物表现出了差异明显的行为模式。它们在开始阶段速度较慢,在报酬消失的前四天里,它们比开始阶段的奔跑速度快很多。第七天,0报酬组比100%报酬组跑得更快。0报酬组从第八天开始没有表现出报酬消失的效应。这些数据显示,在中点箱无报酬的动物存在微弱的额外偏好。

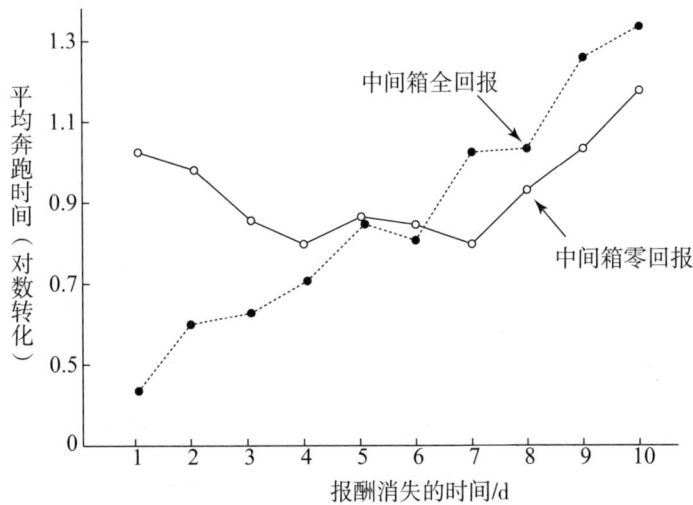

图6-3 报酬消失阶段回报充足时的奔跑时间(单中间箱)

这些结果振奋人心。接下来，费斯廷格介绍了另一个更有说服力的实验。他认为，有机体为减少失调而发展出来的额外偏好可能会涉及更多的因素。如果失调减少了，那么至少从某些方面来看有机体对失调发生的地点产生了偏好，这种效应也可能在其他控制良好的实验中出现。换句话说，如果无报酬造成的失调减少了，那么有机体至少部分地发展出对无报酬地点的喜好。接下来的实验比较这样两组动物，它们体验了等量的失调，但体验失调的地点不同。

费斯廷格采用先前两个实验中的基本技术，但做了重要的修改。实验不再采用一个中点箱，而是采用两个中点箱。从起点开始，动物们跑向中点箱 A，再跑向中点箱 B，最后跑向终点箱并获得食物。实验被试分为两组。A 组动物在中点箱 A 中延迟一段时间，然后再跑向中点箱 B 和终点箱。B 组动物直接跑向中点箱 A，然后在中点箱 B 中延迟一段时间，最后跑向终点箱。在报酬消失试次中，所有的动物都和预实验一样获得报酬。在报酬消失试次中，动物只需要从中点箱 A 跑向中点箱 B。也就是说，动物被直接放在中点箱 A 中，当它们跑向中点箱 B 时，也就直接回到了它们的饲养笼中。因此，A 组动物在报酬消失阶段经历延迟后直接逃离延迟的地点，而 B 组动物跑向了经历延迟的地点。如果动物经历延迟后发展出了关于延迟地点的额外偏好，那么我们将期待 B 组动物比 A 组动物表现出更多的对报酬消失的抵抗。

图6-4显示了两组动物在报酬消失阶段前十天的奔跑时间，

每天进行三个试次。结果与前两个实验一样。在实验开始阶段，两组动物之间的差异反映了它们的初始速度。在习得阶段，B组动物比A组动物表现得更加迟疑。当然这种差异仍然存在于报酬消失试次的开始阶段。之后，A组动物从延迟箱离开时，奔跑的时间增加得非常快，而B组动物跑向延迟箱的时间并未增加，并且在30个试次中都没有表现出报酬消失的效应。在报酬消失的第四天，B组动物比A组动物跑得更快。

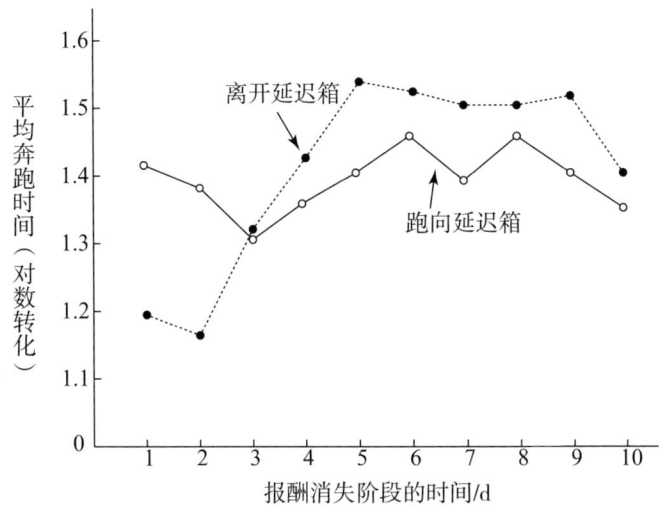

图6-4 报酬消失阶段回报充足时的奔跑时间（双中间箱）

综上所述，如果我们仔细阅读上述所有数据，就可以找到报酬不足导致额外偏好产生的合理证据。这种额外偏好至少在白鼠身上表现得较为温和，但是足以说明部分报酬或延迟报酬导致了白鼠对报酬消失抵抗的增加。原本的无报酬或报酬不足会增加行为的持续进行。因此，有时我们可得出这样的结论：白鼠或人类会爱上让自己受苦的事物。

第二节　认知失调理论在决策后悔中的应用[1]

一、基本资料

认知失调理论虽然简单，但是逻辑严密，形成了一系列可以检验的假设，涵盖的范围也非常广泛。然而，越是简单且涉及范围越广的理论，越有可能没有这么细致。认知失调理论的主要问题在于其定义的模糊性，如元素、不一致、关系、关联等概念的定义不清晰或过分简单。同时，引起失调的因素（如确切的环境、动机状态的性质等）在费斯廷格的理论中也没有得到明确的阐释。这些问题使得后继者的研究层出不穷，进而导致对该理论的积极支持者有之，坚决反对者也非常多。

我国学者李纾等人（Li & Liang，2007）所进行的一项关于后悔的研究也对上述问题进行了有针对性的探讨。该研究假设了这样一个情境：两个乘客到达机场时都已经迟到了30分钟，结

---

[1] 编译自 Li, S., & Liang, Z.-Y. (2007). Action/inaction and regret: The moderating effect of closeness. *Journal of Applied Social Psychology*, 37(4), 807-821. 杨子鹿翻译，钟毅平整理并审校。

果乘客甲被告知他的航班早就准时起飞了，而乘客乙则被告知他的那班飞机延迟了 25 分钟起飞，刚刚在 5 分钟前离开。在这种情形下，显然乘客乙会更后悔，即 96% 的被试都做出了更后悔的判断。研究者用"时间参数"来解释这一现象，因为乘客乙很容易想象这样一幅场景：他只需要早到 5 分钟就好了。而对于乘客甲来说，则需要早到 30 分钟，这就要难多了。

李纾等人通过 5 个实验情境对这个问题提出了自己的见解。他们认为在误机的案例中，两个乘客都"作为"了，但是"作为"的结果离预期值的接近程度不一样，他们将该因素称为接近性。他们发现，行为引起的后悔程度受到接近性这个因素的调节，并不是像以前认为的那样只与"作为"或"不作为"有关。并非"作为"了就会更后悔，要是做了点儿什么，让结果离预期值更远了（接近性变大），那引起的后悔程度就会比"不作为"还小。只有当"作为"的结果接近但又未达到预期值时，"作为"才会让人更后悔。这种解释与人们在日常生活中的心理体验非常吻合：如果自己的行为结果与目标只差一点儿，那么就会觉得相当遗憾，后悔自己当初没有再加把劲，失调程度也就更加严重了。

二、问题分析

在卡尼曼和特维斯基（Kahneman & Tversky, 1982）关于后悔的经典实验中，被试在预测后悔感时，认为与"不作为"的坏结果（因继续持有以前的股票而亏钱）相比，"作为"的坏结果（因换股票而亏钱）会引发更强烈的后悔感。因此，研究者认为易变性的差异（"作为"比"不作为"更容易改变）对后悔感起调节作用。随后的一些研究评估了"作为"和"不作为"的不同影响。一些研究显示，与"不作为"相比，当负面结果是由于"作为"而产生时，会造成更强烈的后悔感（Gleicher et al.，1990；Kahneman & Tversky，1982；Landman，1987）。值得注意的是，虽然卡尼曼和特维斯基探讨了"作为"和"不作为"，但并未指出行为的方向是靠近预期值还是远离预期值。

卡尼曼和特维斯基（Kahneman & Tversky，1982）早期对后悔的研究在时间参数和数值距离上确实有将接近性纳入考虑，但是他们提供的解释并不是和接近性有关，而是和反事实思维有关。接近性是一种可能影响人们后悔程度的因素。"作为"离积极结果越近，与之相关的后悔程度就越增加；"作为"离积极结果越远，与之相关的后悔程度减少。

在李纾等人的研究中，接近性概念体现的是一个基于位置的静态关系，而不是一个涉及运动朝向或远离一个结果的动态关系。从接近性的前景来看，卡尼曼和特维斯基在经典股票问题中对"作为"的描述，从某种意义上说，和"不作为"的接近性是相同的，既不靠近也不远离预期值（如图6-5所示）。在这种情况下合理的推断是，"作为"更可能是无效的，强烈的后悔感是由"作为"的无效努力引起的，而不是由易变性引起的。也就是说，人们只是后悔浪费时间、精力等。

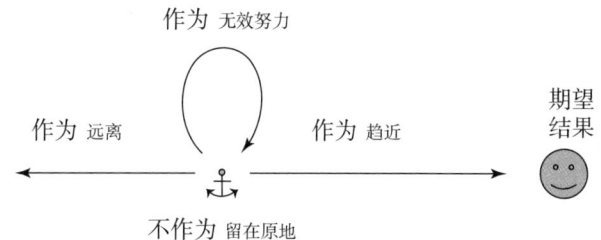

图6-5 "不作为"和"作为"的接近性所导致的期望结果

然而,目前很少有研究根据接近性这个概念来测试无效的努力,且尚未有研究者尝试建立模型来解释"作为"如何影响努力。失败加上所花费的努力比"不作为"(不努力)所付出的心理代价更高。因此,李纾等人提出,无效的"作为"比"不作为"更加使人感到后悔。其假设如下。

假设1:人们"作为"比"不作为"时将经历更强烈的后悔感("作为"效应,见 Kahneman & Tversky,1982)。

假设2:接近性将调节"作为"效应,当"作为"的目标接近好结果时,"作为"效应会增强,否则,"作为"效应会减弱。

假设3:当"作为"与学校成绩相关联时,"不作为"将被视为反常,且会比"作为"引起更强烈的后悔感("不作为"效应,见 N'gbala & Branscombe,1997)。

三、基本过程

被试为南洋理工大学和新加坡国立大学的150名大学生(女生84名,男生66名;平均年龄22.4岁),自愿参加实验。

实验材料是 5 个关于未能达成预期值的后悔问题，这些问题通过问卷形式呈现。实验材料改编自费尔德曼等人（Feldman, Miyamoto, & Loftus, 1999）的研究，被试对"作为"或"不作为"后的情感体验（后悔程度）进行评估，采用 7 点等级评定来评分（其中 1 代表有点儿后悔，7 代表非常后悔）。

四、结果和讨论

（一）4D 问题和赌球问题

4D 问题是当人们没能获得中奖号码 6669 时，被试判断人们"作为"或"不作为"后体验到的后悔程度。赌球问题与 4D 问题是相似的，即在一个特定的足球赛中人们没有赌赢进球的总数（6 个）时，被试判断人们"作为"和"不作为"后所体验到的后悔程度。

这两个后悔情境有一个共同的特点，即"作为"的接近性操纵有 5 个水平。以"不作为"的位置作为参考，"作为"有 2 个水平是靠近预期值的，有 2 个水平是远离预期值的。被试对"不作为"（离预期值 3 个水平）和"作为"的后悔值如图 6-6 和图 6-7 所示。

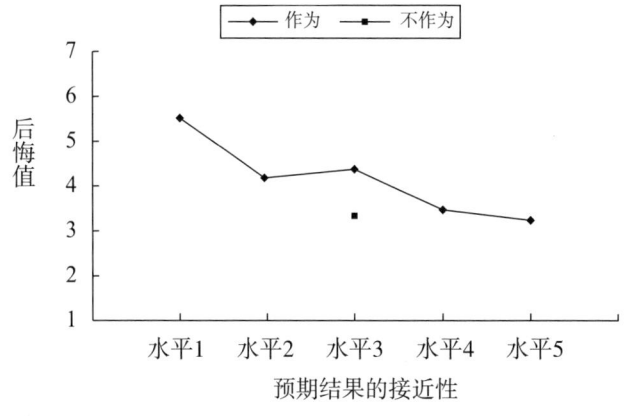

图6-6　4D问题的结果

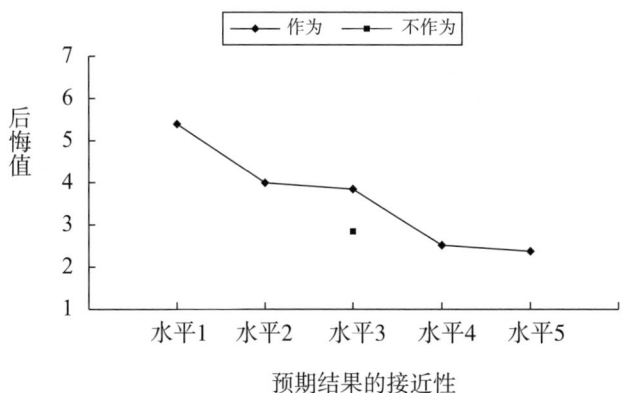

图6-7　赌球问题的结果

"作为"条件下数据的重复测量方差分析显示接近性产生了影响。与"作为"的目标远离预期值相比,"作为"的目标靠近预期值时被试的后悔感更强烈：4D问题,$F(4,596)=84.40$,$p<0.001$;赌球问题,$F(4,596)=174.59$,$p<0.001$。组内测量结果的比较显示,与"不作为"相比,"作为"的目标越靠近

预期值，被试的后悔程度就越大。然而组内对比显示，在 4D 问题中，目标远离预期值时，"作为"和"不作为"所引起的后悔程度差异不明显。在赌球问题中，目标远离预期值时，"不作为"比"作为"所引起的后悔程度更大。

（二）裙子设计问题和守门员问题

裙子设计问题涉及在预计今年流行趋势（偏爱全身长裙）时，设计师因未能想出最新裙子流行款式而产生的后悔感。守门员问题涉及在拯救点球时，守门员因未能阻止进球而产生的后悔感。

这两个问题与前面两个问题的不同之处是"作为"条件下操纵接近性的水平只有 3 个（距离预期值有 1～3 个水平）。被试对"不作为"（离预期值 2 个水平）和"作为"的后悔值分别如图6-8和图6-9所示。

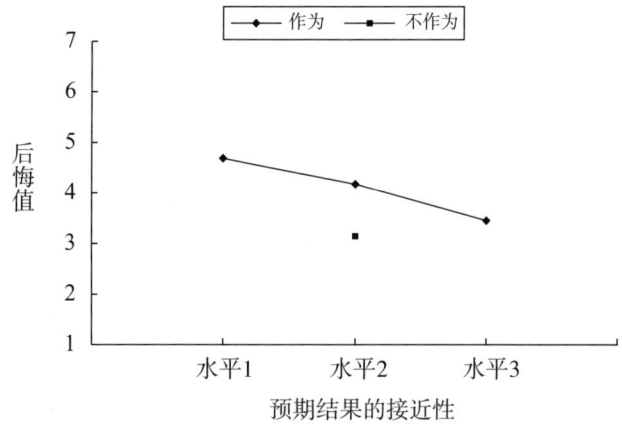

图6-8 裙子设计问题的结果

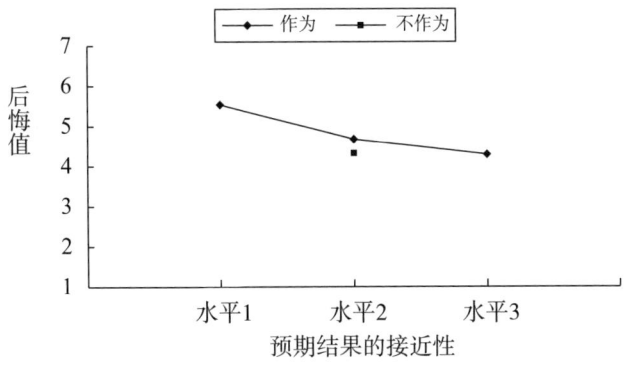

图6-9 守门员问题的结果

"作为"条件下数据的重复测量方差分析表明接近性产生了影响。"作为"的目标接近预期值比远离预期值能引起被试更强烈的后悔感：裙子设计问题，$F(2,298)=26.18$，$p<0.001$；守门员问题，$F(2,298)=22.99$，$p<0.001$。组内测量结果的比较显示，与"不作为"相比，"作为"的目标越靠近预期值就越能引起被试更强烈的后悔感。但是，与"不作为"相比，"作为"的目标远离预期值并不能引起被试更强烈的后悔感。

对4D问题、赌球问题、裙子设计问题和守门员问题的研究结果比较符合目前的概念，在某种意义上，与目标远离预期值相比，"作为"的目标越接近预期值就越能引起被试更强烈的后悔感。相对于"不作为"，"作为"的目标远离预期值时被试的后悔程度相同甚至减弱。这些结果支持假设2，但并不支持假设1。

(三)考试问题

考试问题中的假设情境来自相关的研究(N'gbala & Branscombe, 1997)。问题中"作为"的操纵是最简单的:其一,"作为"的目标靠近(只学习历史)预期值(历史考试及格);其二,"作为"的目标远离(只学习地理)预期值。"不作为"是在考试前既不学习地理也不学习历史。在这种情况下,前人研究发现"不作为"比"作为"更容易发生改变。也就是说,与向A学生和C学生建议"不作为"相比,向B学生建议"作为"要更容易(即假如只有B学生在考试前复习了),结果是B学生将经历更强烈的后悔感。

被试对"不作为"(离预期值2个水平)和"作为"的后悔值如图6-10所示。

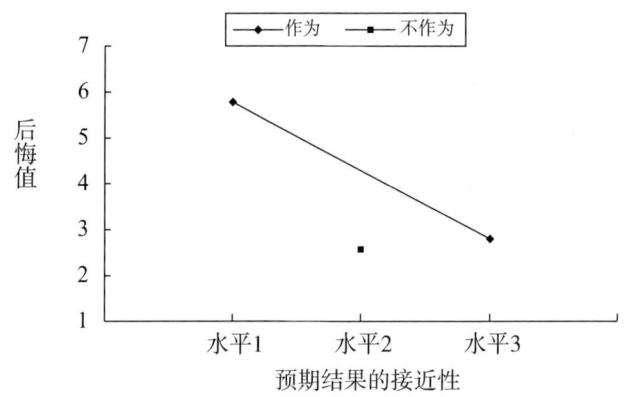

图6-10 考试问题的结果

"作为"条件下的重复测量方差分析表明接近性产生了影响。"作为"的目标靠近预期值时比远离预期值时所引起的后悔程度更大,$F(1,149)=166.52$,$p<0.001$。组内测量结果的比

较显示，与"不作为"相比，当"作为"的目标靠近预期值时，被试产生的后悔感更强烈。但是在"作为"的目标远离预期值时，"作为"和"不作为"所引起的后悔程度同样减弱。因此，以上数据分析并不能为关于"作为"和"不作为"效应的假设（假设 1 和假设 3）提供验证依据，但为验证假设 2 提供了支持。

卡尼曼和特维斯基（Kahneman & Tversky，1982）认为，"作为"比"不作为"更加反常且具有更大的潜力来唤起更强的情绪反应。正因为这一点，"作为"被假定比"不作为"更为易变，更容易引发强烈的后悔感。从此以后，社会认知领域关于后悔的关键假说变成"作为"比"不作为"更容易引发强烈的后悔感（Feldman et al.，1999）。

实际上目前的实验研究证明，"作为"并不总是比"不作为"更易引发后悔。"作为"效应将通过接近性来调节，也就是说：当"作为"的目标靠近好结果时，"作为"比"不作为"会导致被试更加后悔。与"作为"相比，"不作为"会引发被试同等程度的甚至更加强烈的后悔感。当"作为"的目标与好结果远离时，与"作为"相比，"不作为"会引发被试同等程度的甚至更加强烈的后悔感。

第七章 认知取向的认知失调理论

费斯廷格于 1959 年获美国心理学会颁发的"杰出科学贡献奖",其主要贡献在于提出了社会比较理论和认知失调理论。尽管他从 1968 年起开始专注于知觉问题的生理学研究,然而他的主要影响和贡献还是在社会心理学领域。费斯廷格是社会认知流派的社会心理学家,其认知失调理论属于认知取向的理论范畴。

第一节　认知取向的认知失调理论：范式和应用

在社会心理学领域，社会心理学家越来越多地采用认知取向的研究思路和方法，这种趋势在 21 世纪更加明显。郑全全认为，社会心理学家之所以采用认知取向，原因有两个方面：一是它为描述社会刺激和社会诱因提供了手段和技术。从社会行为的意义上说，社会刺激和社会诱因的客观的物理属性略逊于人们对这些属性的主观感受。二是认知理论具有解释的功能。社会心理学家普遍认为，认知之间是相互作用的，如认知冲突、认知不确定和认知不一致，这种相互作用具有一种动机力量的性质，引发了行为，指导着行为。那么，社会认知，或者说认知取向的社会心理学主要是指什么呢？

一、社会认知

1984 年，菲斯克和泰勒（S. T. Fiske & S. E. Taylor）撰写的第一本《社会认知》出版了；同年，怀尔和斯路尔（R. S. Wyer & T. K. Srull）主编的三卷本《社会认知手册》（*Handbook of Social Cognition*）出版了，该手册的第二版也于 1994 年问世。尽管距第一本《社会认知》问世已经有三十多年，但是当前社会心理学界对于什么是社会认知仍然难有一致的意见。目前，国内社会心理学教科书对社会认知有以下几种不同的界定：一是把社会认知等同社会知觉；二是虽然涉及社会认知，并且认为它包括社会知觉、社会印象、社会判断等内容，但是并没有给出社会认知的一般性概念，亦即通过对社会知觉、社会印象、社会判断的描述来反映社会认知；三是认为社会认知包括社会知觉、社会印象、社会判断等内容，同时也明确提出了社会认知的概念，但对这个概念的界定并不是完全一致的。例如：时蓉华（1998）认为社会认知是个人对他人的心理状态、行为动机和意向做出推测和判断的过程；郑全全（2008）认为社会认知是指我们理解、储存、回忆有关他人社会行为信息的方式，社会认知心理学是指研究人们理解、储存、回忆有关他人社会行为信息的方式的一门学科。

  国外的心理学家又是如何给社会认知下定义的呢？美国社会心理学家菲斯克和泰勒（Fiske & Taylor，1984）认为社会认知是一种对别人和自己的思考。社会认知肯定包括对他人和自我的认知，但不止这些，还包括对社会物体、社会事件的认知，如对德国纳粹标志的认知便是典型的对社会物体、社会事件的认知。社会认知是指对社会信息的加工处理，其所涉及的范围也是非常广泛的。奥古斯蒂诺等人（Augoustinos et al.，2006）认为社会认知是社会心理学的一个领域，较狭隘的解释就是人们如何理解社会以及他们在其中的位置。

  莫斯科威茨（Moskowitz，2005）在其著作《社会认知：理解自我和他人》中是这样讨论社会认知的：社会认知是个人对他人的心理状态、行为动机和意向做出推测与判断的过程。他说：我们身边时刻都有新事件发生，我们试图找出其中的原因，即为什么会发生这种变化，以此相应地调整自己的行为。我们都在不断地追寻各种问题的答案。有些细微变化的原因很容易找到，对于更复杂的变化，要找到原因需要一些时间。人们沿着一个路径去寻找答案，获得理解和知识。《社会认知：理解自我和他人》的目的在于阐明作为社会世界的知觉者，个体如何去获得对自身和他人的理解。任何人都需要了解周围事物，需要去理解所观察到的行为，同时感知环境带来的任何变化，并探究其原因。

  了解他人是人类最普通、最重要的活动之一。我们通过观察他人的仪容，把注意力集中在他们身上，为他们贴上标签，推论他们喜欢什么，将会做什么，并且记住他们，从而达到理解他们的目的。阿希（Asch）将人类描述为追寻一系列需要的生物有机体，这些需要既与生存相关，如对食物的需要，也可能促进有机体的平衡状态。如果一个人的心理需要未被满足，他就会失去平衡。例如，只要你不明白你男友爱上你的理由，你就会一直想着为什么，并经受情绪上的折磨。一旦出现心理上的不平衡，个体也可以通过与外界的交流恢复平衡。与外界环境的交流会为我们的心理状态提供足够的解释，这种不平衡就不会再充斥我们的头脑，不会再促使我们去寻找答案。什么样的心理需要会促使我们不断地找寻问题的答案呢？心理学家援引了三个基本需要来解释：（1）归属和爱的需要；（2）自尊的需要；（3）认识的需要

（理解他人行为的含义以至我们能做出恰当的反应）。

舍曼等人（Sherman et al.，1989）认为，社会认知是通过研究社会现象的认知结构与加工来理解社会心理现象的一种概念性和经验性的途径或方法。汉密尔顿等人（Hamilton et al.，1994）提出社会认知有下列四个明显的特征。第一，社会认知研究主要针对所考察的社会现象的认知基础（根据）。社会心理学总是涉及认知结构的概念和认知加工，前者如态度、信念、成见、内隐人格理论等，后者如态度变化、印象形成、社会服从、归因、决策等。认知结构与认知加工是社会认知的新领域，因此，印象形成的研究并不局限于评价被试对目标（人）的喜好程度，还包括印象是如何表征的以及人们根据它的哪些方面来做出评价性的判断。第二，社会认知把信息加工模式（或模型）作为理解社会现象的一种手段。在任何情况下，人们总是通过所处的社会环境来对信息编码，通过评价、推理、归因来解释各种加工信息，最后在记忆中表征这些信息。第三，社会认知具有跨心理学各领域的共同性。第四，社会认知是方法而非内容。社会认知不是一些特殊的内容或者重要观点，而是理解内容或解释观点的一种途径或方法。

我们认为，社会认知主要包括社会知觉、社会印象、社会判断三个方面。社会知觉是指人通过感觉器官对社会刺激属性直接的、整体的反映，它具有四大基本特性，即直接性、整体性、选择性和恒常性。社会印象、社会判断则是在社会知觉基础上形成的更加复杂的社会认知。社会认知的对象主要包括三类：人、物、事。人指他人和自我；物指社会客体，即带有社会意义的物体；事指社会事件。三类对象、三个加工阶段构成了社会认知系统。因此，社会认知可以定义为用认知的方法研究和解释社会行为及社会信息加工的一门科学。

社会认知与认知心理学之间有什么联系和区别呢？

首先，社会认知与认知心理学都对过程感兴趣。社会认知学家和认知心理学家都急于想了解个体对刺激是如何反应的，两者都关心认知结构和加工过程，都涉及信息的选择与接受、存储与提取，即信息加工的各个阶段。同样，由于研究目的一致，他们的研究方法大致相同，即主要采用实验室实验。

其次，社会认知研究的是社会信息，而认知心理学研究的是自然信息，所以这两方面的研究人员所注意的角度仍然是有差异的。认知心理学家非常关心一个同音字母的两个意义能否被同时激活，或刺激的后缀效应是否由于独立的听觉而贮存，以及做心理旋转的时间是否随实践增加而减少，而社会认知学家的研究一般不涉及这样的事情，在一定程度上，他们研究认知系统如何操作。认知心理学家总是关心认知系统的容量，而社会认知学家更关心在一个给定的环境背景下认知系统是如何实际操作的，关心实际发生了什么而不是能发生什么。认知心理学家更强调理解和学习，对于感觉信息如何从环境中挑选出来，如何编码、理解以及最后在认知系统中如何表征给予了更多的注意；相反，社会认知学家则更想了解人们是如何做出各种判断和行为决定的。正因为这样，他们在实验中所期待的结果和用来解释结果的理论都存在着差异（Wyer & Srull，1989）。

国内有学者认为，与自然认知相比，社会认知有如下几个主要特征。(1)社会认知中包含着对主体、对自我的认识。社会认知比自然认知更多地涉及个体的非智力因素，如情感、态度等，它不是局限于认知系统之内的信息加工，而是知、情、意相互作用的整体性的信息加工，更多地表现出个体的人格特殊性。(2)社会认知采用多种参照系，如人们的立场和观点。社会认知的目标、标准、结果都不能像自然认知那样容易取得一致的意见。(3)社会认知是一种相互作用的反馈性认知。当你观察他人的时候，他人也在观察你，他对你所提出的问题的回答，不仅反映了他对问题本身的看法，同时也包含着对你的看法与信任。自然认知就不是相互作用的认知。(4)社会认知的对象更缺乏稳定性。社会错综复杂，变化的幅度和速度都很大，时间和经验对社会认知的影响更为突出。(5)社会认知中"知"与"行"的关系比自然认知中"知"与"行"的关系更为复杂（方俊明，1992）。

奥古斯蒂诺等人（Augoustinos et al.，2006）认为当代的社会认知研究是个体主义的，为了理解如态度、归因和同一性等社会现象，研究者在人的认知和知觉领域进行研究。奥古斯蒂诺等人认为，个体和社会的调和与整合可能会导致对人类经验的一种更加充分、更加自发和动态的理解。社会认知应该与真实的社会相融合。这种融合的方法主要来源于欧洲的社会心理学家提出的三种理论。第一种是社会认同理论。该理论提供了一种基于群体归属的一致性分析方法，并认为人的社会性最早是从他们归属于某个群体而延伸出来的,而复杂的群体关系网络则构成了一个整体的社会。第二种为社会表征理论。它强调社会群体成员的中心性,但是更加关注群体成员的关系是如何形成的,个体意识是如何构成的。社会表征作为一种产生于日常生活的社会共识性知识,被同一组织群体内部的所有成员共同拥有,并且成为群体成员之间交流和沟通的基础。该理论不仅关注这种社会共识性知识的描述,还关注不同社会群体间的差异性,并且对个体和群体之间如何理解和构建这种知识进行了大量研究。第三种观点就是最近发展起来的话语心理学。它的理论渊源就是后现代和实证主义科学,强调通过人们说什么而不是想什么来获悉其心理过程。话语心理学不仅向社会认知主流发出了挑战,还向社会认同理论和社会表征理论的主要观点提出了质疑。

  从以上关于社会认知概念的描述来看,社会认知是社会信息加工的过程。现代认知心理学的核心思想是将人脑与计算机进行类比,将人脑看作类似于计算机的信息加工系统,即该系统能够用符号来表示外部环境中的事物和自身的操作过程,能够对外部环境中的事件及自身的操作过程进行信息加工;同时也认为人是这个加工系统的积极参与者,即承认人的主观能动性,人能够利用过去的经验并使用一定的策略来加工信息,是活动的积极操作者,而非消极被动的承受者。人对社会信息也经历着相同的加工过程,只是这个过程更加复杂,尤其是对于复杂的社会信息。在综合这些信息时,人的过去经验、当时的情绪状态、思维方式等都起着重要的作用,因而对于相同的社会信息,处于不同情境的个人会得出不同的结果，个人在这个过程中充分发挥自己的主观能动性，在一定意义上可以说是根据自己的情况来做出决定或判断的。认知心理学的根本目的是想揭示认知过程的内部心理机制，即信息是如何获得、贮存、加工和使用的。社会认知学家想通过人对社会信息加工过程的研究来弄清楚社会信息是如何表征和使用的，即研究个体如何处理自己接受的社会信息。"社会认知好比是一架'雷达'，人用'雷达'接受与处理各种'讯号'，在社会动机系统和社会情感系统的参与下，做出特有的行为反应。"（高觉敷，1991，第 177 页）

同时，社会认知具有强烈的情境依赖性。社会行为由什么因素决定？在某种程度上，我们的行为是由我们的心理决定的。但是，同样的刺激可以产生或引起不同的行为反应，也是因为刺激是一定情境中的刺激。所以，许多社会认知学家认为，研究人们的心理如何决定社会行为，不如直接研究一定情境中的社会刺激。

格式塔理论对社会行为的理解产生了深远影响。很多社会认知学家越来越强调刺激的情境依赖性，认为任何刺激并不是每时每刻都影响我们的行为，我们心理上如何建构和表征这些刺激将影响和决定我们的行为。个体对于刺激的反应依赖于个体所在的环境。认知的结果是整体大于各部分之和，这是一个非常普遍的事实。在同一个环境中，一个特定的刺激物可能有不同的解释：内容可能随着其他刺激物的功能变化而变化，或随着之前用来解释这种刺激的知识变化而变化。两可图形就较好地说明了这些问题。

　　社会判断的情境依赖性是一个很有趣的现象，同样的刺激呈现在不同的环境中，个体会有不同的理解和评价，这样的事例可以说多如牛毛。例如，偷窃财物是违法行为，但有时人们又把它看成正义之举。同样，考试舞弊常常被认为是违纪和不诚实的行为，但是在其他环境中可能会被理解为有帮助的行为。

　　那么，情境敏感性是不是社会判断的缺陷，或者说情境依赖性是不是社会判断的瑕疵呢？回答是否定的。恰恰相反，在复杂的世界里，人们的情境敏感性对于适应性行为有很重要的作用。欧洲最著名的社会心理学家之一亨利·泰弗尔（Henri Tajfel）说：人最伟大的适应优势是他们有能力根据对情境的知觉和理解去修饰自己的行为（Bless，Fiedler，& Strack，2004）。因此，排除人类行为的情境依赖性，实际上是把人类行为简化为一成不变的生物反应，而事实上人类个体行为已经远远超过生物反应。

二、认知失调研究的四种主要范式

　　认知失调的基本原理是人们具有一种一致或平衡的倾向。费斯廷格的认知失调理论在两个重要方面有别于其他的一致性理论：一是它着重于一般的认知行为。因此，它不是一个有关社会行为的理论。二是与其他的一致性理论相比，它对社会心理学研究的影响力更为巨大。认知失调理论的核心是：认知元素之间可能存在不合适的关系，由此产生了认知失调；认知失调引起了减少失调和避免增加失调的压力，这种压力所产生的结果从认知的改变、行为的改变、选择性接触信息和观点上表现出来（费斯廷格，1957/1999）。认知失调研究大多使用以下四种范式中的一种。

（一）信仰失验范式

当人们面对与自己信仰不一致的信息时，就会体验到失调。如果人们不是通过改变个人信仰来减少失调的话，就可能发展为通过对信息进行错误知觉、否定或反驳来保持协调，或者从有共同信仰的他人身上获取支持，以及试图说服他人来保持协调。

费斯廷格等人（Festinger et al.，1956）的著作描述了一群狂热信仰者在有关UFO（不明飞行物）将要降临的信仰预言失败后，反而加强了他们的信仰。信仰者们相信一个预设的时间和地点，认为只有他们能够从地球的毁灭中生存下来。指定的时间到来了，人们却安然无恙。他们面临极端的失调：他们是不是一个骗局的受害者？他们是不是白白地将自己的世俗财富抛下了？大部分成员都选择了去相信不那么失调的事情来解决事实与期望不合的问题：他们相信外星人给予了地球第二次机会，现在他们需要向世人传播命令，即对地球的损坏必须停止。尽管预言失败了，但这个团体的成员戏剧性地加强了自己的信仰。

（二）诱导服从范式

在费斯廷格和卡尔史密斯（Festinger & Carlsmith，1959）

的经典实验中，学生们按要求花费一小时完成一个无聊又琐碎的任务（例如，把一个钉子转 1/4 圈，再转 1/4 圈，不断重复）。任务被设计为引起被试强烈的消极态度。被试完成任务后，实验者请他们之中的一些人来帮一个小忙。他们被带去和另一个被试（实际上是一个演员）谈话，然后要说服这个演员来完成相同的任务。为此，一组被试得到 20 美元的报酬，另外一组被试得到 1 美元的报酬，控制组则不需要帮这个小忙。

研究快结束时，实验者要求被试对无聊的任务进行评分（伪装的被试不在场），获得 1 美元的被试比获得 20 美元的被试和控制组的被试在评分上更加积极。费斯廷格等人将此视为认知失调理论的证据。研究者假设，相互冲突的认知（"我告诉一些人这个任务很有趣"和"我实际上发现这些任务很无聊"）会让人们产生失调。当获得 1 美元报酬时，学生被迫去内化那个他们此前被诱导去表达的态度，因为他们没有其他方法来进行合理化。而在获得 20 美元的条件下，被试存在一个明显的行为合理化的外部原因，因此他们也就感受到更少的失调。

在随后的实验中，另一个诱导失调的方法更加普遍。在这项研究中，实验者给被试不同水平的报酬（例如，1 美元或 10 美元），让他们写一篇和自己观点不同的文章。获得报酬少的被试缺乏对自己的不协调行为的外部合理化理由，就必须通过内部合理化来减少自己所经历的高水平的失调。

诱导服从范式的一个变式是禁用玩具范式。阿伦森和卡尔史密斯（Aronson & Carlsmith, 1963）通过一个实验考察了儿童的自我合理化。在实验中，儿童被单独留在一个有很多玩具的房间里，玩具中有一个是广受欢迎的蒸汽铲（或者其他玩具）。实验者离开房间前，告诉一半的儿童如果他们玩蒸汽铲，就会受到严厉的惩罚，告诉另一半儿童如果他们玩蒸汽铲，会受到轻微的惩罚。实验者离开后，所有儿童都没有玩蒸汽铲。随后，当实验者告诉儿童他们可以随意玩任何他们想玩的玩具时，轻微惩罚组的儿童不是特别想玩蒸汽铲，尽管不会再有惩罚了。仅被轻微威胁的儿童必须对自己不玩蒸汽铲的行为加以合理化。惩罚水平本身不足，所以儿童必须说服自己蒸汽铲不值得玩，从而减少失调。

（三）自由选择范式

在布雷姆（Brehm，1956）主持的一个实验中，225名女学生对一系列日用品进行评分，然后选择一样或两样日用品作为礼品带回家。被试对日用品的第二轮评分显示，她们对所选择的物品的评分提高了，对所拒绝的物品的评分降低了。

这个结果可以用认知失调理论来解释，"我选择 X"的认知与"Y 也有让我喜欢的地方"的认知失调。

（四）效能合理化范式

失调总是在个体自愿参与到不愉快的活动中以获得某些渴望的目标时激活。失调可通过加强对目标的渴望度来减少。阿伦森和米尔斯（Aronson & Mills，1959）的研究让个体接受强烈或轻微的"启动"来成为某团体的成员。在强烈启动组，个体参与一个让人尴尬的活动。个体发现加入的团体其实是非常无趣和无聊的。强烈启动组的个体对团体的评价比轻微启动组的个体对团体的评价更有趣。

研究显示，洗自己的手能够减少决策后失调。这可能是由于失调经常产生于（对自己的）道德厌恶，也就是与不洁条件下的厌恶相关（Lee & Schwartz，2010；Zhong & Liljenquist，2006）。

三、认知失调理论涉及的重要领域

费斯廷格的认知失调理论对许多特殊情境都有重要意义，具体如下。

其一，决策。费斯廷格认为，失调是决策不可避免的结果。其根据是，一个人在决策之前必然面临着冲突，而在绝对好的备择方案和绝对差的备择方案之间做出选择不是真正意义上的决策。在两个完全积极的或完全消极的备择方案之间、在两个既有积极方面又有消极方面的备择方案之间做出选择，才称得上是决策。对其中一个备择方案的选择会产生失调。决策后的失调程度取决于决策的重要性、未选中的备择方案的相对吸引力以及决策中所涉及的备择方案之间的认知重叠程度。决策越重要，未选择的备择方案的吸引力越大，失调就越严重。两个备择方案中可能有许多认知元素是共同的，这些共同的认知元素对于失调没有影响力，认知重叠越多，由决策引起的失调程度就越小。减少决策后失调的压力可以从撤销这个决策、改变备择方案的吸引力或创造认知重叠入手。

其二，强迫服从。认知失调理论在强迫服从情境中的应用涉及公开服从但没有伴随内心观点改变的情况。这类公开服从是通过惩罚性威胁或通过允诺奖励而产生的，这样，个体对自己做出公开行为的认知与内心的观点之间产生了失调。失调程度与内心观点的重要性和惩罚或奖励的重要性密切相关，即内心观点越重要，失调程度越大，而惩罚或奖励越小，失调程度越大。由强迫服从而产生的失调可以通过随后改变内心的观点或通过对惩罚或奖励的夸大而减少。

其三，接触信息。失调引起了个体对接触信息的选择：个体追求产生协调的信息，避免产生失调的信息。费斯廷格认为，主动追求信息与失调程度呈现一种曲线关系。个体如果很少产生或没有失调，则既不会追求也不会避免失调信息。中等程度的失调导致最大限度地追求信息或避免信息的行为。在接近最大程度的失调情境下，个体反而减少了选择性接触信息。这样，个体实际上可能去追求产生失调的信息。费斯廷格是这样假设这种情境的：个体会努力把失调增加到不能容忍的程度，从而使情境的某些方面发生变化，最终减少失调。在被动接触信息而产生失调的场合下，个体会选择性地形成防卫过程，阻止自己牢固建立这个认知，从而不让它成为自己认知体系中的一部分。

其四，社会支持。个体在了解到其他人的观点与自己的观点相反时，也会产生失调。共有六种因素影响由于缺乏社会支持而产生的失调，它们分别是：第一，客观的非社会性认知元素与个体现有观点相协调的程度；第二，个体所了解的与自己具有相同观点的其他人的人数；第三，认知元素的重要性；第四，持有异议的人或群体与个体现有观点的相关程度；第五，持有异议的人或群体的吸引力；第六，意见分歧程度。个体可以通过改变自己的观点、影响持有异议的人并改变他们的观点、使抱有异议的人与自己不可比较等来减少失调（俞国良，2008）。

四、应用研究

除了上述的社会认知领域，认知失调理论在其他领域也具有实践功能。

（一）教育领域

合理运用认知失调对儿童的学习动机有重要影响。例如，研究者使用了效能合理化范式，对儿童的努力不提供外部奖励，从而增加儿童对教育活动的热情：在研究者许诺会有奖励的情况下，学龄前儿童完成字谜游戏后，对字谜的评价为不那么有趣，而相比起来，在研究者没有许诺奖励的情况下，学龄前儿童对字谜的评价为更有趣。研究者因此认为，将努力归结于外部奖励的儿童在奖励出现后就不再努力了，而被迫将努力归结于内部动机的儿童会发现任务其实真的很有趣（Lepper & Greene，1975）。

心理学家将认知失调融入基本学习进程模型中，特别是建构主义模型中。一些教育干预活动通过增加学生对过往观念和新信息之间的冲突的感知，来加强学生的认知失调，然后指导学生获得新的、正确的、能够解决冲突的解释。例如，研究者通过教育软件来加强学生对复杂主观事物的疑问（Guzzetti, Snyder, Glass, & Gamas, 1993）。

（二）心理治疗

心理治疗和心理干预有效与否，可以部分地通过认知失调理论来解释。一些社会心理学家认为，自由选择一种特定治疗方法的行为，以及来访者为继续接受特定治疗而投入的努力和金钱，都会积极地影响治疗的有效性。例如，一个关于超重儿童的研究发现，那些相信自己是自由选择了治疗类型的儿童在最后减少了更多的体重（Mendonca & Brehm, 1983）。又如，患有蛇类恐惧症的个体虽然耗费了巨大的努力来参与活动，尽管这些活动对于他没有任何治疗上的价值，但是这些活动使他表现出来的恐惧症状得到明显的改善（Cooper, 1980）。

（三）促进健康和亲社会行为

研究显示，认知失调也可以用于促进某些行为，如使用安全套（Stone, Aronson, Crain, Winslow, & Fried, 1994）。其他研究显示，认知失调也可用于鼓励个体在多种背景下参与到亲社会行为中，如进行反对乱扔垃圾的游行、减少对于少数民族的偏见、参与反对超速的游行（Fried & Aronson, 1995; Son

Hing，Li，& Zanna，2002；Fointiat，2004）。

（四）营销

研究和理解消费者的认知失调对营销实践有极大的价值。现有的研究显示，消费者在三种条件下容易产生认知失调：（1）购买涉及的决定必须是重要的；（2）消费者有其他选择的自由；（3）涉及的决策不可挽回。

消费者在参考外部价格时重新评估商品的当前价格，或者通过质量来评估价格的高低，而这些方法将促使消费者改变其原有的消费态度。最后，消费者也可能认为该商品实际上不那么重要，由此在认知中改变其重要性，进而改变消费态度。

认知失调对于解释和调节购买后悔也非常有用。如果一个消费者在购买某商品后觉得其他商品更好，那么他可能不会再次购买该商品。对此，营销者们需要不断说服消费者该商品确实符合他的需要，以此来减少其他商品更好所带来的认知失调，这将有助于同样商品的再次消费。

第二节　认知取向的认知失调理论：贡献与局限

费斯廷格在谈到自己写作《认知先调理论》的背景时首先指出，这是由于在 1951 年深秋，福特基金会行为科学分会主任伯纳德·贝雷尔森问他，是否有兴趣对"沟通和社会影响"这一领域提出"命题目录清单"。该领域已累积了大量研究文献，但还没有在理论水平上进行综合，其范围涵盖了从大众媒介的效应一直到人际沟通效应的研究。如果有人能提出一组概念命题，把该领域许多已知事实综合起来，并能产生附加的衍生意义，那么，这项工作就会具有明显的价值。所以对于作者来说，尝试进行理论综合，具有智力上的吸引力和挑战性。其次，在费斯廷格看来，要取得一些有用的成果，自己必须从"沟通和社会影响"总领域中一个比较狭义的问题着手，努力阐述能充分解释资料的一组具体的假设或命题。如果这种方式有效，那么，再考虑另一狭义的问题，同时，对理论加以扩展和修改。因此，他把流言的散布作为要研究的首选狭义问题，并着手工作。

然而从普拉萨德报告的一些资料来看，费斯廷格陷入了困惑。地震之后，广泛传播的大多数流言都预测最近将有更为惨重的灾难。为什么这种"产生焦虑"的流言会兴起，并被人们广泛接受？一个可能的答案是：预测会有更惨重的灾难到来的流言根本不是"产生焦虑"的，而是"证实焦虑"的。

正是基于这些思考，费斯廷格提出了失调的概念和减少失调的假设，在此基础上，撰写了《认知失调理论》。

正如郑全全所指出的一样，在所有一致性理论中，认知失调理论最负盛名，也最不受欢迎。人们对它进行检验、怀疑、应用、修改、诽谤、接受、拒绝，一方面是积极的支持者，另一方面是积极的怀疑者。前者对于预测不太明显的结果执着追求，这无疑使认知失调理论得以扩展并享有盛名。后者则是由于认知失调理论威胁到了自己所热衷的理论，从而积极寻找可以推翻的证据。从这一点上说，它又是最不受欢迎的理论。认知失调理论引起了如此众多的研究，这足以证明它的重要地位。

一、贡献

（一）激发了大量的后续研究

认知失调理论激发了研究者去澄清、说明、探索、应用和扩展这个理论的有关概念、假设和原理。认知失调理论在经历了幼儿期和青年期后，正在走向成熟。扎伊翁茨（Zajonc，1968）是这样评价认知失调理论的："在社会心理学中，没有什么理论比认知失调理论激发了更多的研究。这个领域的论文构成了社会心理学出版物中的正式范畴。它们探讨的课题和问题已经远远超出了社会心理学的界限，从延缓奖赏和间歇性强化效应到迷信行为。如果说在这十年内存在着一种引起社会心理学家想象力的理论系统的话，那么，毫无疑问，费斯廷格的认知失调理论就是这样一种理论系统。"

（二）促进了理论与实验的结合

心理学是一门自然科学与人文科学交叉的学科，从1879年冯特（W. Wundt）在德国莱比锡大学创立第一个心理学实验室开始，就特别强调用自然科学的实验方法来研究人的意识活动。遗憾的是，由于研究方法的局限以及心理学自身研究对象的独特性和复杂性，心理学的实验主要关心的是能够在实验室直接控制的低级心理现象，如感受性的测量等，至于人的高级心理活动，如思维、决策则由于难以在实验室进行研究而被束之高阁，对人类社会心理的研究更是由于变量复杂、难以控制而缺乏实验研究。费斯廷格是用实验方法系统研究社会心理和社会行为的首批尝试者之一（乐国安，汪新建，2011）。

琼斯（Jones，1985）在《社会心理学在过去五十年的主要发展》一文中，高度评价了费斯廷格在社会心理学理论与实验的结合过程中所做出的贡献。他说："认知失调理论更接近勒温提出的中型理论。一般地说，它标志着费斯廷格最伟大的创造性贡献，与认知失调理论有关的研究占据了20世纪50年代末到70年代的社会心理学杂志。这一时期代表着灵活的、抽象的理论开始在各种具有社会性内容的领域内受到检验……""总之，关于认知失调的理论和研究……在社会科学中提供了一个把理论建立在实验研究基础上的努力的成功范例。"

（三）提供了理论框架和理论模型

认知失调理论首先是对 20 世纪 30 年代到 50 年代社会心理学实验研究的系统总结，同时也是 20 世纪 50 年代后期到 70 年代初期社会心理学实验研究的主要理论工具。琼斯（Jones，1985）认为，"几乎所有的研究者都以认知的观点来看待社会心理现象，在今天，社会心理学与认知社会心理学几乎是同义的。认知的研究观点现在显然在社会心理学中是占据支配地位的，实际上已经没有对手"。实际上，自 20 世纪 60 年代以来，社会心理学中的许多理论都采用了费斯廷格的认知观点，如社会知觉理论、归因理论、角色理论等。

除了提供认知取向的理论框架外，认知失调理论同时为社会心理学的研究提供了行之有效的理论模型。在认知失调理论出现之前，态度改变领域主要有两个理论，分别是平衡理论和一致性理论。这两个理论作为态度改变的理论模型，其自身都存在着不可克服的局限，表现在：第一，理论范畴狭窄，仅着眼于人际沟通中的态度变化，不能说明人的其他态度改变；第二，理论形态过于简单化，把复杂多变的人际沟通归结为单一的两人沟通模式；第三，理论深度过于表面化，缺乏对态度内部机制的深刻揭示（张锋，朱云，1997）。认知失调理论不仅重视人际沟通中的态度改变，而且关心非人际沟通情境中的态度改变；不仅包括人的社会认知行为，而且涉及人的非社会认知行为；不仅关注态度改变本身，而且注意揭示态度改变的内部过程。因此，与平衡理论和一致性理论相比，认知失调理论的视野更为开阔，体现出模型的灵活性。

从认知失调理论提供的理论框架和理论模型来说，其范围远远超出了社会心理学的有关内容。因此，有人认为，认知失调理论不是一种社会心理理论，而是一种更一般意义上的心理学理论（张锋，朱云，1997）。

（四）广泛的应用价值

费斯廷格在认知失调理论中，将复杂的问题进行简化处理，即将复杂的认知关系简化为认知要素间的协调与不协调关系。简化后的理论模式就具备其他认知模式所缺乏的灵活性和运用范围。因此，认知失调理论的模式可能不仅适用于认知者的认知体系，而且可能适用于更大的认知者以外的社会领域（乐国安，汪新建，2011）。

费斯廷格在《认知失调理论》的序言中写道："我们在这里已对材料做了安排。第一章涉及相对简单的情境，后几章越来越多地谈到一些复杂的问题。实际上，我们揭示出来的认知失调理论的第一种含义是有关主动和被动接触信息的问题。对我们而言，这首先是因为它们都与我们所关心的基本问题，即沟通这个领域有关。""显而易见，这样的过程不再局限于流言，也会普遍扩展到追求信息的过程。然而，该理论本身所具有的含义，不久就超越了'沟通和社会影响'的界限。不过，我们感到，与其执着于原先计划和指定的内容领域，还不如遵循现在看来会有的理论的指引，这样更能取得丰硕的成果。"（费斯廷格，1957/1999）

现在，认知失调理论已经被广泛应用于广告、企业管理、市场营销以及教育等领域。

二、局限

认知失调理论最负盛名，同时引起的批评也最多，概括起来主要是以下三个方面。

（一）定义的模糊性

定义不清楚或模糊的概念，主要包括元素、不一致、关系、关联等几个概念。

费斯廷格用失调和协调来指称元素之间的关系，那么什么是元素呢？其定义极为模糊：一个元素是一个认知，一个认知是有关个人对世界的"知识"。正是这个不精确的定义引起了与认知失调理论有关的实验上的问题。

费斯廷格是这样来界定失调的：如果单独考虑两个元素的话，一个元素紧跟着另一个元素的反面，那么，这两个元素就处于失调的关系中。当两个元素是有关的并且不是失调的，也就是说，如果一个元素紧跟着另一个元素，那么，这两个元素就是协调的。显然，我们要确定一个元素是否紧跟着另一个元素常常较为困难,对此,认知失调理论没有做出解释。

同样,认知失调理论没有告诉我们什么时候两个元素是互相关联的以及确定它们关联的方法。关于失调程度,费斯廷格认为,一个特定的元素与其他元素之间的整个失调程度取决于与该元素处于失调关系的其他有关元素的加权比例。加权比例是指每一个相关关系应该按照所涉及元素的重要性比例来加权。但是,费斯廷格没有对重要性这个概念加以说明。

(二)模式的简单化

认知失调理论中的过分简单化的问题同样也是显而易见的。首先,该理论没有考虑一个理论可以适用的情境中的相关变量。例如,它忽略了承诺、意志、自尊、责任感等变量。一个认知是否紧跟着另一个认知要取决于承诺的程度。例如,一个人做出了一个决定,但又随心所欲地推翻了这个决定,那么他不会产生什么失调。其次,认知失调理论虽然涉及关联的问题,但是没有告诉我们什么时候两个元素是互相关联的,因此,我们不可能接触到认知成分相互作用的复杂系统(马德峰,1999)。

(三)解释的不确定性

认知失调理论借助日常生活经验来确定不协调的存在,而不是用心理学术语来解释产生不协调的心理机制。人们在日常生活中的行为举止不一定遵循逻辑要求,更有可能遵循另外的理由。费斯廷格对这些可能的另外的理由并没有严格限定,因此该理由在解释上存在较大的不确定性和随意性（马德峰，1999）。

　　同时，费斯廷格的认知失调理论没有涉及个体差异问题。这个理论隐含地认为，所有人都以同样的方式对失调做出反应，所有人都有相同的失调忍受力。人们在失调方面至少表现出三种个体差异：（1）人们在忍受失调的能力上有差异。一些人比另一些人对失调更不屑一顾，也就是说，一些人比另一些人需要面对更大的失调程度才能产生减少失调的行为。（2）人们在选择减少失调的方式上有差异。例如，一些人比另一些人更可能通过贬低沟通来源来减少失调，而不是改变自己的观点。（3）某个情境会让一个人产生失调，而不会让另一个人产生失调。所以，人们在某类事件是引起失调还是协调的看法上有差异（费斯廷格，1957/1999）。由于没有考虑个体差异，认知失调理论在解释协调或失调时会有更多的不确定性和随意性。

第八章　结语

　　任何一个学派乃至一门学科的发展都离不开所处的时代与社会背景,社会认知的发展也如此,社会心理学的发展同样如此。当然,认知失调理论的兴起也与其时代大背景密切相关。

一、费斯廷格与社会认知的兴起

1956年,费斯廷格在与他人合著的《当预言失败时》中提出了认知失调理论。1957年,费斯廷格在自己的著作《认知失调理论》中系统地提出了认知失调理论的假设。人的心理包含各种认知元素,是个体对环境、他人及自身行为的看法、信念、知识和态度。费斯廷格认为,人们为了内心的平和,需要一种认知上的一致性。认知失调会让人内心产生紧张和不愉快的体验。这种心理上的不适将推动人们去努力减少失调,达到协调一致的目的,并且人们会积极地避开可能增加失调的情境和信息。

认知失调理论告诉我们,人是合理化的动物。人倾向于为自己的行为找到理由,即人总是在自我辩解、自我说服。当然,认知失调理论并非万能,也不能解释所有的结果,但它是态度改变领域最有影响力的理论。

在20世纪50年代后期,认知失调理论是一致性理论的典范,是社会心理学中认知取向的最早研究与理论总结。二战后,大量的关于态度改变的研究和实践的出现,使得一致性理论成为主要的研究课题。这一时期的大部分理论都基于相同的中心假设:人们是在各种不同认知之间寻求解决方案的"一致寻求者"。

一致性理论有两个关键假设:一是对认知不一致的知觉,处在个体认知活动的中心位置;二是个体一旦知觉到不一致,就会感到不舒服，并且会努力减少这种不一致。一致性理论是社会认知领域中最热门的研究内容，从20世纪50年代到60年代后期，甚至到70年代早期，它都在社会心理学中占据了绝对优势。

根据研究主题的不同，研究者（Fiske & Taylor，2007）将社会认知的发展划分为五个阶段，这五个阶段的特点可以概括为：一致寻求者（consistency seekers）、朴素科学家（naïve science）、认知吝啬鬼（cognitive miser）、受激励的战略家（motivated tactician）和积极的行为者（activated actors）。

社会认知的第一个阶段，就是一致寻求者。认知失调理论和平衡理论便是这一阶段的主要理论。特别是费斯廷格及其认知失调理论，掀起了社会认知研究的第一个高潮。虽然从20世纪60年代后期开始，一致性理论逐渐失去了吸引力，原来的优势地位也不再保持，但是费斯廷格所搅动的社会认知研究的主题和研究范式已经深入美国心理学工作者的头脑中，社会认知研究的潮流一发而不可收。因此，毫无疑问，费斯廷格与社会认知的兴起密切相关，正是他带来了社会认知的第一次繁荣。

二、认知失调理论与社会心理学的发展

社会心理学作为一门年轻的交叉学科，只有100多年的历史，但其思想的孕育，已经伴随着人类社会历史的发展而经历了漫长的等待期（乐国安，汪新建，2011）。历史上，人们通常把

1908年作为社会心理学正式诞生和独立之年，因为这一年有两本社会心理学专著出版：一本是英国心理学家麦独孤（W. McDougall）的《社会心理学导论》，它把个体作为研究的重点，用本能论的观点解释人类个体的行为；另一本是美国社会学家罗斯（E. A. Ross）的《社会心理学》，它从人际过程（如模仿和暗示）来理解社会影响对人类行为的作用，认为社会心理学应该研究的是团体而不是个体的心理与行为（乐国安，汪新建，2011）。

认知失调理论对社会心理学的贡献主要表现在以下三个方面。

第一，有助于社会心理学的实证研究范式的牢固确立。认知失调理论与社会比较理论都采用实验室研究的方式，其理论模型都体现出实验研究的情境性与精致性的特点。在20世纪前半叶，行为主义占据了绝对的主导地位，从华生（J. B. Watson）的古典行为主义到后来的斯金纳（B. F. Skinner）的操作行为主义，都坚持使用自然科学的手段进行心理学研究，强调以操作分析的方法研究人类行为，因此实验法是当时社会心理学家进行研究时的首选研究手段。之后以认知取向为主导的社会心理学，特别是费斯廷格关于个体行为协调与不协调的研究思想，对这种研究手段产生了重要的引领作用，并促使其成为心理学主流的研究范式。

第二，大大加强了社会心理学的实用性研究。应该说，社会心理学的研究一直就没有脱离过对社会实际问题的关注与探索。

例如，两次世界大战期间，社会心理学家积极参与士兵的选拔、战争的宣传以及战后许多问题的处理，获得了政府和社会各界的信任。在20世纪30年代美国经济大萧条以及稍后的二战期间，社会心理学家对政治、社会运动、种族主义等问题都进行了大量研究，并提出许多有效的解决办法，对于经济危机期间的企业管理、员工培训也进行了大量工作。认知失调的实证研究与认知失调理论的提出，使得针对社会问题的研究进一步得到强化，引导社会心理学家自觉地投入到社会实际问题的探索中。

第三，有助于社会认知理论的兴起与发展。认知失调理论是社会认知理论早期研究的经典代表，它推动了社会认知理论的兴起和发展。

三、启示与展望

一个人，两个理论，搅动了社会心理学的一个时代，这就是费斯廷格以及他的认知失调理论和社会比较理论。在20世纪，美国的社会心理学一枝独秀，这离不开费斯廷格个人的贡献；到了21世纪，美国的社会心理学继续大放异彩，欧洲的社会心理学也成为另一枝奇葩。社会认同论、社会表征论、话语分析心理学作为欧洲社会心理学的三大流派，逐渐成为现代社会心理学的重要潮流。

什么是现代社会心理学？它是指坚持传统的科学心理学的信念和方法，相信通过科学的方法最终能够揭示有关人类社会心理和社会行为的"普遍真理"的社会心理学研究（乐国安，2004）。社会心理学的"现代特征"主要有四条。第一，方法上的机械主义。现代社会心理学热衷于效仿自然科学的科学观和方法论，这一点与主流心理学是完全一致的。现代社会心理学依然对整个世界做主观与客观的简单二元划分，把决定论移植到社会心理学研究上来，坚持运用自然科学的方法研究社会心理现象。第二，研究手段上的经验主义。现代社会心理学继承了经验主义的取向，即相信经验是科学的出发点和归宿，因而在研究手段上强调经验观察和现场实验的重要性，并希望以此获得中立的研究数据，进而建立具有普遍性和通用性的社会心理模型。第三，研究取向上的个人主义。个人取向的研究者要么从个体的内部因素，要么从个人所处的具体情境来研究个体的心理和行为，很少从文化和社会历史背景的角度探讨心理和行为，忽视个人所处的社会文化背景，因此研究成果往往难以应用于社会现实。第四，研究理念上的普遍主义。现代社会心理学注重价值中立，期望摆脱无关因素的干扰，特别希望通过科学的方法获得超越文化和历史的普遍真理（乐国安，2004）。

现代社会心理学在实证主义哲学的理论基础之上发生和发展，逐渐强调社会心理学研究对象和研究模式的明确性、绝对性、普遍性和终极性。这种实证主义倾向正是它最显著的特征，也是其现代性的典型体现（王小章，1997）。

笔者认真学习费斯廷格的研究与理论，结合现代社会心理学的时代特征，不免产生许多感悟与思考，权且当作启示与展望，为中国社会心理学的发展与振兴而努力。

（一）关注现实、面向时代，开展社会心理学的研究

费斯廷格从关注社会现象或社会问题入手，通过对大量现象的实证研究，在纷繁复杂的数据资料基础上，构建了认知失调理论和社会比较理论。

当前中国的社会心理学缺少从问题、从现象引发的实证研究：关注现实太少，缺少或缺乏时代感。改革开放的中国正面临着形形色色的社会问题，希望社会心理学工作者能够针对各种社会现象和社会问题开展卓有成效的研究，为政府政策的制定提供有效的方案。例如，社会心理学工作者应该研究社会分配公平（分配公平是指对资源配置结果的感受）问题。公平感的形成更多地依靠社会比较而不是一般意义的期望，即个体即使得到他所期望的，仍可能经过社会比较后感觉到分配不公平。在工作场所用于社会比较的信息很充足，员工通常进行两种类型的社会比较：内部比较和外部比较。其中内部比较选取的对象主要是同一组织中的其他人和自己以前的经历。组织内部不同员工作为比较对象，对公平感的形成也有影响。比如，在组织内部女性的报酬普遍比男性低，但女性不会因此感到不公平，因为她们更多地与组织中的其他女性做比较。然而，在现代开放社会，随着虚拟工作场所的增多，社会比较理论受到很大的挑战。例如，在虚拟工作环境中，由于人们很难找到比较对象，他们会倾向找一个比较标准，但同时他们也失去了通过比较减轻个人不确定感的机会。

因此，虚拟工作环境中员工公平感的形成应该是未来研究方向之一（刘得明，龙立荣，2008）。

坚持面向社会、面向时代，在社会实践活动中研究社会心理学，这是中国社会心理学发展的主要方向；否则，具有中国特色的社会心理学也就难以建立。

（二）加强大脑神经机制的探索，为社会认知神经科学的发展贡献力量

社会认知神经科学是一门蓬勃发展、大有前途且在发展中的交叉学科，不仅传承了社会学、经济学、政治学和社会心理学的理论和观点，特别是社会心理学的研究范式，还成功地借鉴了认知神经科学的研究方法与技术，包括功能性磁共振成像技术、正电子发射断层扫描技术、经颅磁刺激技术、事件相关电位技术、单细胞记录技术和神经心理学损伤技术等（俞国良等，2010）。

2000年社会认知神经科学出现后，则从三种水平，即社会水平、认知水平、神经水平上来理解社会心理现象。其中，社会水平主要关注影响行为的动机和社会因素，认知水平主要考察产生社会心理现象的信息加工机制，神经水平主要关注实现、控制认知水平加工的脑机制。尽管三种水平的出发点和关心的问题有所不同，但是，有许多概念在三个领域中是共通的，如图式、选择性注意、抑制、内隐和外显加工等。社会心理学家能够利用认知神经科学家的数据考证对立的理论假设，尤其是检验不能用行为数据直接考察的假设。同时，认知神经科学家在研究社会心理

现象的时候，也要借助社会心理学家的理论知识，了解个体如何知觉他人和自己。只有这样，才能真实地揭示社会心理现象的本质。

社会认知神经科学对社会心理学的贡献，主要体现在理解他人的研究、自我的研究、自我与他人的交互作用等方面。目前，社会认知神经科学的研究主题非常宽泛，几乎涵盖了社会心理学研究的各个方面，其中包括态度、偏见、归因、共情、心理理论、社会排斥、人际吸引、自我意识、自我认知、自我知识、认知失调、安慰剂效应、道德推理和社会决策等。社会认知神经科学对社会心理学的影响主要体现在两个方面：第一，研究方法的影响。社会认知神经科学应用脑科学的研究方法考察社会心理过程的脑机制，不仅包括脑定位方面的研究，还包括脑神经网络方面的研究。第二，理论探讨的影响。社会认知神经科学不仅能够为社会心理学理论提供脑成像数据的支持，而且还可以对社会心理学的理论进行修正和提出挑战，甚至还可能提出全新的理论模型。

社会认知神经科学可视为社会心理学与认知神经科学相结合的产物。近年来，相关的研究报告和研究者的数量急剧增加，且在某些方面取得了突破性进展。其中，有些研究提出了新的发现，有些研究产生了原创性的思想，有些研究对社会科学的传统概念和理论提出了挑战。但是，所研究的大多数问题仍然属于社会心理学传统领域的范畴。因此，在一定程度上我们可以说社会认知神经科学是对社会心理学的补充和证实。

俞国良指出，结合以往的研究成果，社会心理学的未来发展可能会从以下五个方面展开。

第一，分离性研究的思路。有时，两个心理过程非常类似，产生了相似的行为结果，但是，事实上它们依赖于不同的内部神经机制。有时候两类加工表面看起来比较类似，研究者很难通过行为研究的方法加以区分，但是可以用功能性磁共振成像技术清晰地呈现出两种加工之间的差别。

第二，整合性研究的思路。有时，两个心理过程表面看起来差异很大，研究者通常会认为它们可能依赖于不同的神经机制，但是事实上它们依赖于同一个加工机制。例如，生理疼痛是真正的疼痛，因为个体受到了物理上的伤害，而社会疼痛似乎是一种想象中的疼痛，只发生在人们的大脑内部。尽管如此，它们两者似乎依赖于相似的脑机制。

第三，自动化加工和控制性加工的研究思路。随着内隐、外显态度研究的深入，双加工模型几乎渗透到了社会心理学的每个研究领域。控制性加工是一种有意识、有目的的慢速加工过程，而自动化加工则是一种快速、无意识、不受目的影响的加工。控制性加工主要激活大脑的背侧区域，如外侧前额皮质、外侧顶叶皮质、内侧前额皮质、内侧顶叶皮质和内侧颞叶等；自动化加工主要激活大脑的腹侧区域，如杏仁核、腹内侧前额皮质、外侧颞叶皮质等。背侧前扣带回可能是自动化加工和控制性加工的交汇之地，是调节两个系统的中介。尽管这方面的研究结果还不够细致，但是，自动化加工和控制性加工的分离已经成为社会认知研究过程中的主要研究范式，这种分离也可以作为社会认知神经科学和社会心理学整合的一个主要研究思路。

第四，内部指向加工和外部指向加工的研究思路。在社会心理学领域，有些研究要求被试把注意指向内部心理世界，而有些研究要求被试把注意指向外部社会世界。外部指向加工和外侧额-颞-顶叶神经网络有关，而内部指向加工和内侧额-顶叶神经网络有关。

第五，脑功能定位和脑神经网络的研究思路。到目前为止，社会认知神经科学的大多数初期研究成果主要集中在社会心理现象的脑功能定位方面，如对面孔、表情的研究。随着研究的深入，研究者达成了共识，即仅仅通过研究简单的脑功能定位问题，很难解释复杂的社会心理现象，必须考察各功能区域之间的功能连接和整合问题。

我们应该看到，社会认知神经科学正处在起步阶段，大多数研究属于神经机制定位方面的研究，主要探索各种社会心理现象的脑机制，这似乎没有为社会心理学理论的发展提供更多的证据。但是，随着研究的深入，脑定位研究资料逐渐积累，这种方法的优势会越来越明显。例如，对传统理论的验证是一个非常重要的部分，同时也将为社会心理学理论的构建提供一个全新的思路（俞国良等，2010）。

（三）协作开展跨文化的研究，努力实现社会心理学的多元整合

费斯廷格的认知失调理论已经被心理学家广泛接受，同时被大量引用。大多数心理学家认为个体的观点和态度由两个基本过程引起：一个是劝说，即他人积极活动，以劝服你改变态度；另一个就是认知失调。认知失调理论的最大贡献在于，它一经提出，立即引起了广大心理学家的浓厚兴趣并激发了大量的后续研究。许多学者包括费斯廷格本人在内，都通过不断的深入研究对认知失调理论进行修改。尽管如此，即使认知失调理论一直被社会心理学界乃至心理学界奉为经典，但是，有关这个理论的跨文化研究尚不多见。

不仅对于认知失调理论，对于心理学的其他问题，我们同样需要开展跨文化的合作研究，以便更加全面准确地理解理论和模型，并努力审视文化背景对个体心理的影响。后现代主义对现代社会心理学的批评，表现在：首先认为社会心理学的理论模型过于分散和零碎，缺少能对社会组织和社会结构进行解释的合适理论框架，也缺少理论的整合。其次是对实验方法的不满，尤其是对过度依靠实验方法的不满。还包括学术取向上的批评，即对个人主义取向的立场不满，不能将个人简化为信息加工者，而认为社会心理学要更体现出一种社会性。最重要的批评是存在美国中心主义的特征，它是指许多理论假设只是从美国社会的研究中提出，并没有接受跨文化研究的检验（刘毅，1999）。确实，现代社会心理学的跨文化的协作研究做得太少，因此，跨文化的协作研究应该深入社会心理学家的意识层面，并在行动中努力表现出来。

跨文化的协作研究，实际上这也是一种整合。整合，从字面上来看，是指"不同特点或个体趋向于整合成一个和谐整体的状态或过程"。所以"整合"一词包含两种并不完全相同的含义：一是指泛泛而论的松散结合。只要某种理论采用了其他理论的部分因素、原理或概念，就可以称为一种整合性的理论。二是指较高层次的整合。它要求参与整合的各实体最终能形成一个和谐、一致、统一的整体。在学科的发展中，整合是指"在系统的整体性及系统核心的凝聚作用下，若干相关因素整合成为一个新的统一整体的建构和秩序化过程。经过了这样的整合，学科的知识体系与发展体系一样，都是有序的"（刘春雪，2006）。当然，这是一种理想化的整合目标，也是整合的最高层次。

现代社会心理学虽然满足了人们对解释某些社会现象的需求，但是在人类发展、社会进步以及精神享受等方面并没有什么伟大的作为。在社会文化生活发生了翻天覆地的变化后，民众要求社会心理学走出实验室，在现实环境中探讨人与人、人与社会的复杂关系，也要求社会心理学重视人的思维、创造性、人际关系和自我实现等高级心理的研究，能够解决复杂的社会问题。所有这些对社会心理学的批评和诉求，最终体现在社会心理学的研究必须从文化和整合的视角来研究人的心理。

谈到整合问题，我们不能不想起库恩（T. S. Kuhn）的范式。库恩的范式是指学科共同体在从事学术活动时所共同接受和遵循的价值信念和研究模式，包括共有的世界观、价值标准、理论框架、概念体系、研究方法等。因此，范式包括两个方面的含义：第一，在心理层面上，它是科学共同体的共同态度和信念，是从事同一活动的科学家所共享的立场和观点;第二,在理论方法上,范式是公认的"理论模型"或"研究框架"(叶浩生,2003)。

按照库恩的范式概念,一门学科是否成熟主要看它是否具备了稳定的范式。那么按照这一标准,社会心理学还有更长的路要走。当前的社会心理学需要整合,只有当不同的理论形成了一个统一而稳定的范式之后,社会心理学才能被认同为一门成熟的学科,这样的整合才是高层次的整合。

社会心理学本身没有形成一个库恩所说的标准的范式,它的许多术语和理论都来自不同的学科,具有明显的学科交叉性和混合性。高层次的整合是否有可能实现?正像有的学者所指出的一样,"在经过了长时期的抢占地盘、站稳阵脚、证明自身价值的努力之后,当人们对社会心理学学科建设的努力和反思逐渐深入人心之后,从建立一个统一有序的学科目的出发而发展理论的呼声也越来越高"。"事实上,整合以一种温和渐进的方式进入人们的视野,它的种子早就埋在社会心理发展的土壤之中,并随着学科发展达到一定阶段后,开始发芽,最终成为目前社会心理学领域的一种强有力声音"(乐国安,汪新建,2011)。

正是经过了温和渐进的洗礼,社会心理学家也形成了多元整合的思想,即当下的整合应该是多元的整合。"心理学的整合既不是客观主义的大一统整合,也不是相对主义的无原则分化。""心理学的整合,大可不必采取一统的模式,即学科的全体成员意见一致,都接受某些规则、方法或程序作为研究的规范和准

则。心理学的整合，只能是一种多元的整合，而不是一元的整合。"（叶浩生，2003）

现在我们努力倡导社会心理学理论的整合，但并不认为它就是社会心理学理论和学科发展的唯一方式。"分化与整合作为矛盾统一体，伴随了社会心理学发展的百年历程，共同推动着社会心理学的发展。如果说多元与分化带来了社会心理学的繁荣和发展，整合与统一则保证了社会心理学学科发展的内在一致性。分分合合的对立矛盾与协调统一将推动社会心理学新的发展进程。"（陈志霞，1999）

如何整合？整合不是综合，而是融合，是综合基础上的突破和创新。理想中的整合应该达到这样的高度，即"一个整合模式应该既能够汲取不同模式的长处，又能保持自己的理论清晰度和一致性，做到既能够扩展理论模式的综合性和概括性，又能不失其本身的连贯性和逻辑性"（乐国安，汪新建，2011）。这就是社会心理学，尤其是中国社会心理学应该努力达成的目标。

参考文献

中文文献

[1] 白红敏, 许莹, 张荣华. (2009). 大学生社会比较与主观幸福感的关系研究. 中国健康心理学杂志, 17(4), 418-420.

[2] 陈珊, 钱铭怡. (1998). 抑郁倾向大学生的作业期望改变和社会比较特点. 中国心理卫生杂志, 12(3), 165-168.

[3] 陈志霞. (1999). 分化与整合: 当前社会心理学发展的双重选择. 华中理工大学学报(社会科学版), (4), 45-48.

[4] 方华. (2008). 大学生的社会比较与自我发展关系探究. 发展, (11), 97.

[5] 方俊明. (1992). 认知心理学与人格教育. 西安: 陕西师范大学出版社.

[6] 费斯廷格. (1999). 认知失调理论(郑全全译). 杭州: 浙江教育出版社.

[7] 付美榕. (2012). 为什么美国盛产大师: 20世纪美国顶尖人才启示录. 北京: 科学出版社.

[8] 付宗国, 张承芬. (2004). 群际情境下向上社会比较信息对自我评价的影响. 心理科学, 27(1), 84-87.

[9] 高觉敷. (主编). (1991). 西方社会心理学发展史. 北京: 人民教育出版社.

[10] 郭淑斌, 黄希庭. (2010). 社会比较的动力: 动机与倾向性. 西南大学学报(社会科学版), 36(4), 14-18.

[11] 胡迪, 金一波. (2012). 社会比较及幸福感对情绪的影响机制. 江苏社会科学, (1), 239-243.

［12］ 乐国安.(2004).后现代主义思潮对社会心理学的影响.南开学报(哲学社会科学版),(5),108-115.

［13］ 乐国安,汪新建.(主编).(2011).社会心理学理论与体系.北京:北京师范大学出版社.

［14］ 黎琳,刘伟.(2011).国外关于青少年社会比较及影响因素的研究综述.外国中小学教育,(2),9-12.

［15］ 黎琳,徐光兴,迟毓凯,王庭照.(2007).社会比较对大学生社交焦虑影响的研究.心理科学,30(5),1218-1220.

［16］ 李光普.(2011).社会比较对结果加工的影响——来自 ERP 的证据.西南大学博士学位论文.

［17］ 李明欢.(2000).20 世纪西方国际移民理论.厦门大学学报(哲学社会科学版),(4),12-18.

［18］ 李其荣.(2007).国际移民对输出国与输入国的双重影响.社会科学,(9),38-49.

［19］ 李萱,陈朝阳,马燕萍.(2010).自我结构对社会比较结果的调节.科技创新导报,(33),223-223.

［20］ 李亚玲.(2009).社会建构主义视域的西方社会比较研究扫描.通化师范学院学报,30(6),17-20.

［21］ 李艺敏,孔克勤.(2011).社会比较视野下的自卑观.河南大学学报(社会科学版),51(1),152-156.

［22］ 刘春雪.(2006).两种取向的社会心理学研究.南开大学博士学位论文.

［23］ 刘得明,龙立荣.(2008).国外社会比较理论新进展及其启示——兼谈对公平理论研究的影响.华中科技大学学报(社会科学版),22(5),103-108.

［24］ 刘华.(2010).社会比较与大学新生的心理问题.学理论,(12),224-225.

［25］ 刘嘉秋,昝飞.(2011).智力障碍者自尊与社会比较研究的综述.中国特殊教育,(8),31-34.

［26］ 刘琨,陈红,李晓鹏,Todd Jackson,杨周.(2010).社会比较对疼痛应对及耐力的影响.中国疼痛医学杂志,30(4),323-325.

［27］ 刘旭,宋旭,姚景.(2009).社会比较视野下的教育公平探讨.当代教育理论与实践,1(1),10-12.

［28］ 刘毅.(1999).当代西方社会心理学研究的三种倾向.西北师大学报

(社会科学版), 36(5), 82-86.

[29] 隆莉, 赵玉芳. (2006). 自我时间比较的初步研究. 中华医学教育探索杂志, 5(6), 566-568.

[30] 马德峰. (1999). 态度改变：费斯廷格的认知不协调理论述评. 华中理工大学学报(社会科学版), 44(4), 79-81.

[31] 潘晨璟, 蒋霞霞, 陈红. (2010). 图式启动和社会比较对女性身体不满意的影响及其调节变量探讨. 西南大学学报(自然科学版), 32(6), 157-162.

[32] 瞿斌, 陈旭. (2011). 社会比较对不同自尊留守儿童行为水平的影响. 中国电力教育, (8), 174-175.

[33] 时蓉华. (1998). 社会心理学. 杭州：浙江教育出版社.

[34] 斯塔夫里阿诺斯(2006). 全球通史：从史前史到21世纪(上册)(吴象婴等译). 北京：北京大学出版社.

[35] 王小章. (1997). 社会心理学：从"现代"到"后现代". 浙江社会科学, (2), 83-88.

[36] 王璇. (2009). 社会比较：自我定义的建构途径. 科技信息, (33), 498.

[37] 谢一帆. (2010). 广西农村中学教师社会比较与工作满意度关系研究. 传承, (5), 166-168.

[38] 邢淑芬. (2006). 学习不良儿童的社会比较及教育启示. 教育科学研究, (5), 45-47.

[39] 邢淑芬, 林崇德, 俞国良. (2006). 小学3~5年级学习不良儿童社会比较的特点. 心理发展与教育, 22(2), 36-39.

[40] 邢淑芬, 俞国良. (2005). 社会比较研究的现状与发展趋势. 心理科学进展, 13(1), 78-84.

[41] 邢淑芬, 俞国良. (2006). 社会比较：对比效应还是同化效应. 心理科学进展, 14(6), 944-949.

[42] 杨朝清. (2008). 社会比较对高职院校毕业生择业心理的影响. 长沙民政职业技术学院学报, 15(2), 92-93.

[43] 杨丽娴, 张锦坤. (2008). 社会比较中的妒忌：基于不同测量方式. 心理科学, 31(3), 685-688.

[44] 叶浩生. (主编). (2003). 西方心理学研究新进展. 北京：人民教育出版社.

[45] 俞国良. (主编). (2008). 社会心理学经典导读. 北京：北京师范大学出版社.

[46] 俞国良,等.(2010).社会心理学前沿.北京:北京师范大学出版社.

[47] 于海波,郑晓明.(2009).薪酬满意度与社会比较的关系.未来与发展,(1), 69-74.

[48] 余英.(2010).教育公平与社会比较——对"教育越来越不公平"的一个解释.四川师范大学学报(社会科学版), 37(5), 122-127.

[49] 张保,徐跃红,孔凡兰,李哲,赵玉芳.(2009).中学生考试焦虑与社会比较的相关研究.西南大学学报(自然科学版), 31(2), 156-160.

[50] 张保,徐跃红,赵玉芳,雷丹,孔凡兰.(2010).上行学业比较影响初中生词汇再认成绩的实验研究.西南大学学报(自然科学版), 32(2), 164-167.

[51] 张保,徐跃红,赵玉芳,孔凡兰.(2010).中学生社会比较特点及其与学业成绩的关系.中国学校卫生, 31(4), 392-394.

[52] 张锋,朱云.(1997).认知不协调理论在心理学史上的地位和贡献.延安大学学报(社会科学版), 19(3), 93-97.

[53] 张丽雅.(2013).近十年来我国社会比较研究进展.安康学院学报, 25(1), 36-41.

[54] 张丽雅,余林.(2010).大学生社会比较中自我评价的补偿效应研究.保健医学研究与实践, 7(2), 18-21.

[55] 张玲.(2010).社会比较研究综述.研究生法学, 25(3), 131-140.

[56] 张鹏,周莹.(2011).关于商业银行薪酬激励水平的实证研究——基于社会比较理论视角.经济问题,(12), 96-100.

[57] 张雯.(1999).教学成败情境中抑郁倾向女大学生的社会比较特点.健康心理学杂志,(4), 390-392.

[58] 张小丽,程绍珍,王林.(2012).高考生考试焦虑与社会比较的关系.中国健康心理学杂志, 20(1), 70-72.

[59] 张玉洁,许远理,陈凤春.(2011).社会比较嫉妒与爱情嫉妒关系探讨.四川职业技术学院学报, 21(5), 35-36.

[60] 郑全全.(2008).社会认知心理学.杭州:浙江教育出版社.

[61] 周爱保,赵鑫.(2009).社会比较中的认知偏差:探析"优于常人"效应和"差于常人"效应.心理学探新, 28(1), 72-76.

[62] 周浩,龙立荣.(2010).公平感社会比较的参照对象选择研究述评.心理科学进展, 18(6), 948-954.

[63] 朱苏丽.(2007).社会比较对薪酬不公平感的心理作用机制.武汉理

工大学学报(信息与管理工程版), 29(8), 145-148.

[64] 朱晓斌, 张莉渺, 吴亮亮. (2011). 初中生成就目标定向、学业社会比较和学业自我效能的关系. 中国临床心理学杂志, 19(2), 255-258.

外文文献

[1] Aronson, E., & Mills, J. (1959). The effect of severity of initiation on liking for a group. *Journal of Abnormal and Social Psychology*, *59*(2), 177-181.

[2] Aronson, E., & Carlsmith, J. M. (1963). Effect of the severity of threat on the devaluation of forbidden behavior. *Journal of Abnormal and Social Psychology*, *66*(6), 584-588.

[3] Augoustinos, M., Walker, I., & Donaghue, N. (2006). *Social cognition: An integrated introduction* (2nd ed.). London: Sage Publications.

[4] Back, K. (1951). Influence through social communication. *Journal of Abnormal and Social Psychology*, *46*, 9-23.

[5] Beggan, J. K., & Allison, S. T. (1993). The landslide victory that wasn't: The bias toward consistency in recall of election support. *Journal of Applied Social Psychology*, *23*(8), 669-677.

[6] Bless, H., Fiedler, K., & Strack, F. (2004). *Social cognition: How individuals construct social reality*. Hove: Psychology Press.

[7] Brown, D. J., & Ferris, D. L., Heller, D., & Keeping, L. M. (2007). Antecedents and consequences of the frequency of upward and downward social comparisons at work. *Organizational Behavior and Human Decision Processes*, *102*(1), 59-75.

[8] Buunk, A. P. & Gibbons, F. X. (2007). Social comparison: The end of a theory and the emergence of a field. *Organizational Behavior and Human Decision Processes*, *102*(1), 3-21.

[9] Buunk, B. P., & Brenninkmeyer, V. B. (2000). Social comparison processes among depressed individuals: Evidence for the evolutionary

perspective on involuntary subordinate strategies? In L. Sloman & P. Gilbert (Eds.), *Subordination and defeat: An evolutionary approach to mood disorders and their therapy* (pp. 147-164). Mahwah, NJ: Lawrence Erlbaum.

[10] Cooper, J. (1980). Reducing fears and increasing attentiveness: The role of dissonance reduction. *Journal of Experimental Social Psychology*, 47, 452-460.

[11] Crum, J., Brown, W. L., & Bittterman, M. E. (1951). The effect of partial and delayed reinforcement on resistance to extinction. *American Journal of Psychology*, 64(2), 228-237.

[12] Dreyer, A. (1953). *Behavior in a level of aspiration situation as affected by group comparison*. Ph. D. Thesis, University of Minnesota.

[13] Fehrer, E. (1956). Effects of amount of reinforcement and of pre- and postreinforcement delays on learning and extinction. *Journal of Experimental Psychology*, 52(3), 167-176.

[14] Feldman, J., Miyamoto, J., & Loftus E. F. (1999). Are actions regretted morethan inactions? *Organizational Behavior and Human Decision Processes*, 78, 232-255.

[15] Festinger, L. (1942). Wish, expectation, and group standards as factors influencing level of aspiration. *Journal of Abnormal and Social Psychology*, 37, 184-200.

[16] Festinger, L. (1950). Informal social communication. *Psychological Review*, 57(5), 271-282.

[17] Festinger, L. (1954). A theory of social comparison processes. *Human Relations*, 7, 117-140.

[18] Festinger, L. (1957). *A theory of cognitive dissonance*. Stanford, CA: Stanford University Press.

[19] Festinger, L. (1980). Looking backward. In L. Festinger (Ed.), *Retrospections on social psychology* (pp. 236-254). Oxford: Oxford University Press.

[20] Festinger, L. (1983). *The human legacy*. New York: Columbia University Press.

[21] Festinger, L., & Carlsmith, J. M. (1959). Cognitive consequences of forced compliance. *Journal of Abnormal and Social Psychology*,

58(2), 203-210.

[22] Festinger, L., Gerard, H., Hymovitch, B., Kelley, H. H., & Raven, B. (1952). The influence process in the presence of extreme deviates. *Human Relations*, 5(4), 327-346.

[23] Festinger, L., Riecken, H. W., & Schachter, S. (1956). *When prophecy fails*. Minneapolis, MN: University of Minnesota Press.

[24] Festinger, L., Schachter, S., & Back, K. (1950). *Social pressures in informal groups: A study of human factors in housing*. Stanford, CA: Stanford University Press.

[25] Festinger, L., & Thibaut, J. (1951). Interpersonal communication in small groups. *Journal of Abnormal and Social Psychology*, 46(1), 92-99.

[26] Festinger, L., Torrey, J., & Willerman, B. (1954). Self-evaluation as a function of attraction to the group. *Human Relations*, 7(2), 161-174.

[27] Fiske, S. T., & Taylor, S. E. (1984). *Social cognition*. Reading, MA: Addison-Wesly.

[28] Fiske, S. T., & Taylor, S. E. (2007). *Social cognition: From brains to culture*. New York: McGraw-Hill.

[29] Fointiat, V. (2004). "I know what I have to do, but..." When hypocrisy leads to behavioral change. *Social Behavior and Personality*, 32(8), 741-746.

[30] Fried, C. B., & Aronson, E. (1995). Hypocrisy, misattribution, and dissonance reduction. *Personality and Social Psychology Bulletin*, 21(9), 925-933.

[31] Gazzaniga, M. S. (2006). Leon festinger: Lunch with leon. *Perspectives on Psychological Science*, 1(1), 88-94.

[32] Gerard, H. (1953). The effect of different dimensions of disagreement on the communication process in small group. *Human Relations*, 6(3), 249-272.

[33] Gleicher, F., Kost, K. A., Baker, S. M., Strathman, A. J., Richman, S. A., & Sherman, S. J. (1990). The role of counterfactual thinking in judgments of affect. *Personality and Social Psychology Bulletin*, 16(2), 284-295.

[34] Greenberg, P. J. (1932). Competition in children: An experimental

study. *American Journal of Psychology*, 44(2), 221-248.

[35] Guzzetti, B. J., Snyder, T. E., Glass, G. V., & Gamas, W. S. (1993). Promoting conceptual change in science: A comparative meta-analysis of instructional interventions from reading education and science education. *Reading Research Quarterly*, 28(2), 116-159.

[36] Hamilton, D. L., Devine, P. G., & Ostrom, T. M. (1994). Social cognition and classic issues in social psychology. In P. G. Devine, D. L. Hamilton, & T. M. Ostrom (Eds.), *Social cognition: Impact on social psychology*. San Diego: Academic Press.

[37] Hochbaum, D. M. (1953). *Certain personality aspects and pressures to uniformity in social group*. Ph. D. Thesis, University of Minnesota.

[38] Hoffman, P. J., Festinger, L., & Lawrence, D. H. (1954). Tendencies toward group comparability in competitive bargaining. *Human Relations*, 7(2), 141-159.

[39] Hoppe, F. (1930). Erfolg und misserfolg. *Psychologische Forschung*, 14, 1-62.

[40] Janis, I. L., & King, B. T. (1954). The influence of role-playing on opinion change. *Journal of Abnormal and Social Psychology*, 49(2), 211-218.

[41] Jones, E. E. (1985). Major developments in social psychology during the past five decades. In G. Lindzay & E. Aronson (Eds.), *Handbook of social psychology*. New York: Random House.

[42] Kahneman, D., & Tversky, A. (1982). The psychology of preferences. *Scientific American*, 246, 160-173.

[43] Kelman, H. (1953). Attitude change as a function of response restriction. *Human Relations*, 6(3), 185-214.

[44] King, B. T., & Janis, I. L. (1956). Comparison of the effectiveness of improvised versus non-improvised role-playing in producing opinion changes. *Human Relations*, 9(2), 177-186.

[45] Landman, J. (1987). Regret and elation following action and inaction: Affective responses to positive versus negative outcomes. *Personality and Social Psychology Bulletin*, 13(4), 524-536.

[46] Larrick, R. P., Burson, K. A., & Soll, J. B. (2007). Social comparison and confidence: When thinking you're better than average

predicts overconfidence (and when it does not). *Organizational Behavior and Human Decision Processes*, *102*(1), 76-79.

[47] Lee, S. W. S. , & Schwartz, N. (2010). Washing away postdecisional dissonance. *Science*, *328*(5979), 709.

[48] Lepper, M. R. , & Greene, D. (1975). Turning play into work: Effects of adult surveillance and extrinsic rewards on children's intrinsic motivation. *Journal of Personality and Social Psychology*, *31*(3), 479-486.

[49] Lewis, D. J. (1956). Acquisition, extinction, and spontaneous recovery as a function of percentage of reinforcement and intertrial intervals. *Journal of Experimental Psychology*, *51*(1), 45-53.

[50] Li, S. , & Liang, Z.-Y. (2007). Action/inaction and regret: The moderating effect of closeness. *Journal of Applied Social Psychology*, *37*(4), 807-821.

[51] McClure, S. M. , Li, J. , Tomlin, D. , Cypert, K. S. , Montague, L. M. , & Montague, P. R. (2004). Neural correlates of behavioral preferences for culturally familiar drinks. *Neuron*, *44*(2), 379-387.

[52] Mendonca, P. J. , & Brehm, S. S. (1983). Effects of choice on behavioral treatment of overweight children. *Journal of Social and Clinical Psychology*, *1*(4), 343-358.

[53] Moore, D . (2007). Not so above average after all: When people believe they are worse than average and its implications for theories of bias in social comparison. *Organizational Behavior and Human Decision Process*, *102*(1), 42-58.

[54] Moskowitz, G. B. (2005). Social cognition: *Understanding self and others*. New York: Guilford Press.

[55] N'gbala, A. , & Branscombe, N. R. (1997). When does action elicit more regret than inaction and is counterfactual mutation the mediator of this effect? *Journal of Experimental Social Psychology*, *33*(3), 324-343.

[56] Nekich, J. (2000). Agency and communion in naturalistic social comparison. *Personality and Social Psychology Bulletin*, *26*(7), 864-874.

[57] Paul, S. , & Emily, H. (2007). Social comparison processes in an organizational context: New directions. *Organizational Behavior and

Human Decision Processes, 102(1), 109-120.

[58] Restle, F. (1961). *Psychology of judgment and choice*. New York: Wiley.

[59] Salovey, P. , & Rodin, J. (1984). Some antecedents and consequences of social-comparison jealousy. *Journal of Personality and Social Psychology*, 47(4), 780-792.

[60] Salovey, P. , & Rodin, J. (1991). Provoking jealousy and envy: Domain relevance and self-esteem threat. *Journal of Social and Clinical Psychology*, 10(4), 395-413.

[61] Schachter, S. (1951). Deviation, rejection, and communication. *Journal of Abnormal and Social Psychology*, 46(2), 190-207.

[62] Schachter, S. (1994). Leon Festinger. In *Biographical memoirs V. 64* (pp. 97-110). Washington, DC: The National Academies Press.

[63] Schachter, S. , & Gazzaniga, M. S. (Eds.). (1989). *Extending psychological frontiers: Selected works of Leon Festinger*. New York: Russell Sage Foundation.

[64] Scott, E. D. , & Wike, E. L. (1956). The effect of partially delayed reinforcement and trial-distribution on the extinction of an instrumental response. *American Journal of Psychology*, 69(2), 264-268.

[65] Sheffield, V. F. (1949). Extinction as a function of partial reinforcement and distribution of practice. *Journal of Experimental Psychology*, 39(4), 511-526.

[66] Sherman, S. J. , Judd, C. M. , & Park, B. (1989). Social cognition. In M. R. Rosenzweig & L. W. Porter (Eds.), *Annual review of psychology* (Vol. 10). Palo Alto, CA: Annual Reviews.

[67] Son Hing, L. S. , Li, W. , & Zanna, M. P. (2002). Inducing hypocrisy to reduce prejudicial responses among aversive racists. *Journal of Experimental Social Psychology*, 38(1), 71-78.

[68] Stone, J. , Aronson, E. , Crain, A. L. , Winslow, M. P. , & Fried, C. B. (1994). Inducing hypocrisy as a means for encouraging young adults to use condoms. *Personality and Social Psychology Bulletin*, 20(1), 116-128.

[69] Svartdal, F. , & Mortensen, T. (1993). Effects of reinforcer value on sensitivity to non-verbal operant contingencies in humans. *Quar-*

terly *Journal of Experimental Psychology*, *46*(2), 347-364.

[70] Tesser, A., Millar, M., & Moore, J. (1998). Some affective consequences of social comparison and reflection process: The pain and pleasure of being close. *Journal of Personality and Social Psychology*, *54*(1), 49-61.

[71] Van der Zee, K., Buunk, B., & Sanderman, R. (1998). Neuroticism and reactions to social comparison information among cancer patients. *Journal of Personality*, *66*(2), 175-194.

[72] Weinstock, S. (1954). Resistance to extinction of a running response following partial reinforcement under widely spaced trials. *Journal of Comparative and Physiological Psychology*, *47*(4), 318-322.

[73] Whittemore, I. C. (1924). The influence of competition on performance: An experimental study. *Journal of Abnormal and Social Psychology*, *19*(3), 236-253.

[74] Wike, E. L. & McNemara, H. J. (1957). The effects of percentage of partially delayed reinforcement on the acquisition and extinction of an instrumental response. *Journal of Comparative and Physiological Psychology*, *50*(4), 348-351.

[75] Wilson, W., Weiss, E. J., & Amsel, A. (1955). Two tests of the Sheffield hypothesis concerning resistance to extinction, partial reinforcement, and distribution of practice. *Journal of Experimental Psychology*, *50*(1), 51-60.

[76] Wyer, R. S., & Srull, T. K. (1989). *Memory and cognition in its social context*. NJ: Lawrence Erlbaum Associate.

[77] Zajonc, R. B. (1968). Cognitive theories in social psychology. In G. Lindzey & E. A. Aronson (Eds.), *Handbook of social psychology* (Vol. 1). New York: Random House.

[78] Zhong, C. B., & Liljenquist, K. (2006). Washing away your sins: Threatened morality and physical cleansing. *Science*, *313*(5792), 1451-1452.

[79] Zukier, H. (1989). Introduction. In S. Schachter & M. S. Gazzaniga (Eds.), *Extending psychological frontiers: Selected works of Leon Festinger* (pp. xi-xxiv). New York: Russell Sage Foundation.

术语索引[1]

不对称　asymmetry　3.1
不足报酬　insufficient reward　6.1
登门槛效应　foot-in-the-door effect　5.2
低人一等效应　worse-than average, WTA　5.1
地位分层　status stratification　3.1
反态度行为　attitude-discrepant behavior　5.2
高人一等效应　better-than average, BTA　5.1
过度理由效应　over-justification effect　5.2
核心自我评价　core self-evaluation, CSE　5.1
决策后失调　post-decision dissonance　6.1
抗拒削弱程度　resistance to extinction　6.1
目标导向行为　goal directed behavior　3.1
内驱力　drive　3.1
期望水平　level of aspiration　3.1
弱势群体　minority groups　3.1
社会静止状态　state of social quiescence　3.1
社会身份认同理论　social identity theory, SIT　5.1
生理唤醒　physiological arousal　5.2
完整的事件　complete affair　3.1
相似性　comparability　3.1
印象管理理论　impression management theory　5.2
优势群体　majority groups　3.1
游动效应　autokinetic effect　3.1

---

[1] 术语右边的数字为该术语在本书内出现之章节,如3.1表示第三章第一节。

自我概念的清晰性　self-concept clarity　5.1
自我知觉理论　self-perception theory　5.2

后 记

终于完成了任务!

深深地叹了一口气,并伸了一个舒服的懒腰!

这次命题式写作,源于中国人民大学俞国良教授的一个电话。话说2013年春天,天气晴朗,心情极好,电话铃响起。接起一听,原来是俞老师。俞老师开门见山,说为了使人们对人际关系研究百余年的科学史、代表作有一个基本了解,想组织撰写"心理学大师人际关系思想经典研究书系",希望从更全面系统、解析和评述相结合的视角来阐述心理学大师的人际关系思想。然后,俞老师问我有没有兴趣参与。

乍一听,很有吸引力,就应承下来。俞老师的第二个问题便是:"你对哪位著名的社会心理学家感兴趣,如费斯廷格、勒温、阿希、米尔格拉姆、纽科姆、多伊奇、伯科威茨、阿伦森、罗森塔尔?"相对而言,我更熟悉费斯廷格,于是我回答说:"那我就选费斯廷格。"俞老师说:"我估计你会选费斯廷格。那好,明天我把框架结构、时间安排等编写要求发到你的电子邮箱里。"

命题式写作就这么定下来了。

接下来的写作便远远超出预期,几次真想放弃。要不是俞老师经常通过短信问候和鼓励,我可能真的完成不了任务。

分散的时间不予计算(主要是无法计算),集中写作的时间是整整三个月，暑假两个月和寒假一个月。这样的任务听起来容易，做起来难。

通过这个任务，本人有两点主要感受。

一是更加了解了费斯廷格。提到费斯廷格，我们便想到认知失调理论，实际上费斯廷格在心理学其他领域也有优秀的表现并有优异的成果。1939年他大学毕业即前往艾奥瓦大学，在勒温的指导下从事研究工作，主要是关于欲求水准的实验研究，并提出了社会比较理论，促进了群体动力学的发展。费斯廷格从1968年起将注意力转向视觉系统，开始关注人类眼球的运动和色彩感知。费斯廷格的研究受到了广泛的认可，1959年他被美国心理学会授予"杰出科学贡献奖"。在社会比较理论提出后不久，他就被《财富》杂志评为"美国十大最有前途的科学家"。

二是更加了解了认知失调理论。我们一般认为，认知失调会让人内心产生紧张和不愉快的体验。这种心理上的不适将推动人们去努力减少失调，达到协调一致的目的，并且人们会积极地避开可能增加失调的情境和信息。当然，这也是费斯廷格认知失调理论的基本假设。实际上，全面准确地把握认知失调理论还要考虑两个方面。第一，费斯廷格认为认知上的不一致是一种常态。这对认知失调理论来说是非常重要的，这就为我们努力追求协调提供了动机支持。第二，认知失调理论是态度改变领域最有影响力的理论。后来的研究者发现，当人的态度不明确（还未完全形成）时，自我知觉理论更适用，它可以很好地解释态度的形成。但是当人的态度明确时，认知失调理论更适用，它可以解释态度的改变。所以在态度改变领域，认知失调理论是最有影响力的理论。

虽然按时完成了任务，但并不是圆满完成了任务，有些内容可能遗漏，也有一些可能重复，有些评价可能不太中肯，甚至泛泛，所有这些不足和遗憾只能以后找机会弥补了！

本书的完成，首先要感谢丛书主编俞国良教授和出版社的同志，为大家制订了一个比较详细的写作大纲，让我们节省了不少决策和判断的时间。其次，没有我的研究生积极参与，本书也不可能按时完成。正是他们完成了资料收集和整理工作，我才有时间安静地坐下来，专心于写作。他们是：占友龙、罗西、陈智勇、易文婷、王锡爱、吴云、王丹枥、杨子鹿。范伟、谭千保、欧阳益等几位博士生最后通读了本书，并提出了非常宝贵的修改意见。谢谢他们的辛苦工作！最后要感谢我的家人，尤其是我的妻子周琼女士。没有家人的鼓励与支持，就不会有本作品的生成。我的儿子钟博维，一直是我的骄傲与希望。他目前在国外留学，我愿与他共勉，希望他能实现自己的人生理想。

钟毅平

2017年5月